ITO
MAKOTO
FAST
TRACK
SERIES

伊藤 真ファーストトラックシリーズ 7

行政法 第2版

伊藤 真 監修／伊藤塾 著

弘文堂

シリーズ刊行に際して──今こそ法律を学ぶチャンス

法律の勉強を始めるのに決まった時期などありません。年齢、性別、学歴、国籍などもいっさい関係ありません。中学生や高校生でも、社会人、シニアでも、いつからでも法律は学べます。学び始めるのに早すぎることも、遅すぎることもありません。

やってみよう、読んでみようと思ったときが始めるのに一番いいタイミングなのです。

今、日本は大きく変わろうとしています。

経済成長、エネルギー、安全保障、TPP、社会保障、少子化、超高齢社会等、科学技術や芸術の発展、変化だけでなく、国のあり方や社会のあり方も大きく変わろうとしています。こうした社会の変化はすべて法律問題として現れてきます。今、法律を学び、こうした問題を法的にみる目を養っておくことは、将来こうした問題に的確に処理するうえで不可欠です。これからますます法律が重要になってきます。

法律は、私たちの生活にとても身近で、興味深いものです。

コンビニでおにぎりを買うことも、就職することも、結婚することも、ベンチャー企業を起こすことも、NPO・NGOを立ち上げることも、SNSに動画や文章をあげることも、何もかもすべて法律が関わっています。そして、それは日本国内にとどまりません。法は世界のあらゆるところで顔をだします。コンプライアンスの意味がわからなければ、民間企業で働くことはできません。就活にも不可欠な知識です。

法律を学ぶとどう変わると思いますか?

人気テレビ番組の法律クイズに答えられるような知識はもちろん身につきますが、一番は、社会との関わりのなかで答えがわからない問題について、自分で考えて結論をだせるようになるのです。そして、その結論を事実と論理と言葉で説得できるようになります。

実は法律は説得の道具なのです。

世の中は何が正しいのかわからない問題であふれています。たとえば、原発、普天間、TPP、年金、地方活性化や新型コロナ禍での国政や行政に関わる問題から、新商品開発や新会社の設立などの企業に関わる問題や、就活、結婚、育児、相続など個人的な問題まで、何が正しい答えなのかわからない問題ばかりです。

そうした問題に対して、インターネットやAI（人工知能）から答えを探してくるのではなく、自分の頭で考えて、自分の価値観で判断して答えを創りだすことができるようになります。しかも、かぎられた情報と時間のなかで決断する能力を身につけることができるようになります。その結果を、感情に訴えて説得するのではなく、論理的に事実に基づいて、正確な言葉で説得できるようになるのです。

法的な思考方法は世界共通です。

この国で生活する良き市民として、企業人として、世界で活躍する地球市民として、法的思考方法は不可欠な素養となっていきます。本シリーズ「伊藤真 Fast track」ではこうした力を身につけるきっかけとして、法律に気軽に触れ、楽しみながら学習できるようにさまざまな工夫をこらしました。これから遭遇するエキサイティングな法律の世界を、楽しんでめぐってみてください。

伊藤　真

第2版　はしがき ●●●●●●●●●●●●●●●●●●●●●●

　知ること、知識を得ることは楽しいと感じる人がほとんどだと思います。この本を読んでいるあなたも、法律を知りたい、勉強したいという思いが起きたからこそ手に取ったのではないでしょうか。人間は、知りえたことを次に活かすことによって進歩してきました。

　このファーストトラックシリーズは、発売以来多くの方から感想をいただきました。たとえば、60代の方からは「Caseが大変興味深い内容で、読み進めると自然にAnswerに導かれるところが面白かった」、20代の講師の方からは「わかりやすくタメになった」、また「自身の再勉強と甥・姪にも読ませたい」という方もあり、学生やビジネスマンはもちろん、法律に興味のあるさまざまな方に読んでいただくことができました。

　これは、First Track──はじめて法律の世界を知る人たちに、難しく感じる法律の知識や議論を迅速に理解してもらえるように、という本書のコンセプトが受け入れられたのだろうと嬉しく思います。

　さて、今回の改訂では、主に、2021年5月19日に公布された「デジタル社会の形成を図るための関係法律の整備に関する法律」（令和3年法律第37号）の内容を反映しました。この改正は、従来の個人情報保護法、行政機関個人情報保護法、独立行政法人等個人情報保護法の3法を個人情報保護法に統合することが中心的なもので、2021年9月1日に施行されました。

　今回の改訂の主たる目的は、この法改正の内容を反映させることですが、そのほかにも、初版を見直し、重要な内容をいくつか新たに追加するとともに、文章もよりわかりやすく適切な表現に改めました。

　社会のデジタル化の進行は、その副作用として、個人情報の取扱いに関する新たな問題点を必然的に伴います。以前まで学習していた内容から大きく変わってしまうことに関して、面倒だと感じる人もいるでしょう。しかし、個人情報の保護と利活用をバランスよく適切に進めるうえで、機動的な法改正は避けられないことです。むしろ、法律の勉強と現実社会の結びつきを感じられるいい機会と捉え、本書ですばやく、楽しく学んでいきましょう。

　今回の改訂にあたっては、多くの方に関わっていただきました。特に、伊藤塾（法学館）の書籍出版において従前から貢献していただいている弁護士永野達也氏には、細部にわたって目をとおしていただきました。そして、憲法に続き、2021年に予備試験に合格し、翌2022年に司法試験に合格された速水壮太さんをはじめとする伊藤塾の誇る優秀なスタッフ、ならびに弘文堂のみなさんのご協力があり刊行となりました。ここに改めて感謝の意を表します。

　　　2023 年 10 月

伊藤　真

伊藤塾ホームページ

はしがき──だれでも楽しめる法律の世界へ ●●●●●●●●

1 何が不安ですか？

　法律に興味はあるのだけれど、法律の勉強は量も多くて難しそうだし、大変だと思い込んでいませんか。ですが、法律の勉強ほど実は楽しく、ある意味で簡単なものはありません。こう言うと誤解を受けそうなのですが、ほかの分野の勉強と比較してみるとわかります。まず、物理や数学という自然科学の世界は、まさに自然がつくったものを人間が解明しようとするのですから、これは理解するだけでも相当大変だとわかります。文学、哲学、心理学などの人文科学の世界は、人間の心の問題を扱います。人間とは何か、人は何のために生きるのか、複雑奇怪な人間の感情を問題にします。自分の感情さえわからないことがあるのですから、これまた極めるのは大変なことです。社会科学の分野でも、経済は高等数学が必要ですし、政治学は現実の政治を相手にするのですから、相当の覚悟が必要です。

　ですが、**法律の勉強は、たかだか百数十年前に人間がつくった法律という道具を使いこなせるようになればいいだけです**。基本的には対立する利益を調整するための道具ですから、どうバランスをとればいいのかという常識的な判断と、どのように説明すればいいのかという多少の理屈を学べば、だれでも使いこなすことができます。

　私はよく、**法律の勉強は語学と同じだ**と言っています。学び始める前はとても難しく感じる言葉であっても、慣れるとそれなりに使えるようになります。日本では日本語を、アメリカやイギリスでは英語を、その国では子どもでもその国の言葉を使って生活をしています。学べばだれでも身につけることができるものなのです。法律もまったく同じです。難しく思える法律用語がたくさんありますが、日本語ですから、ほかの国の言語より簡単に学べます。

　では、法律が難しいと感じてしまう原因はどこにあるのでしょうか。私は、3つあると思っています。1つ目は**勉強する量が多くて途中で挫折してしまうこと**、2つ目は**何が重要なのかわからずに全体が見えなくなること**、3つ目は、**抽象的な議論が多いうえに言葉が難しいこと**です。ですから、この3つの原因を解決してしまえば、簡単に楽しく勉強できるのです。

1つ目の量の多さに関しては、**本当に重要なものに絞り込んで全体の学習量を圧縮してしまえばいいだけです**。ただ、量を減らすだけでは意味がありません。**まずは木の幹にあたる部分だけをしっかりと学びます**。すると木の幹が見えてきて、その法律のフォームが見えてきます。そうすると、法律の勉強を続けようという意欲も沸いてきます。

　2つ目ですが、知らない分野の勉強を始めると、どこが重要かわからず、メリハリがつけられないためにわかった気がしないということがよくあります。ここも、学習当初から**適切なメリハリを意識しながら学べば大丈夫です**。まずこのシリーズで法律の幹を学習することで、その法律の**全体像、体系というものが浮かび上**がってきます。こうなったらもうこっちのものです。あとは枝を身につけ、最先端の議論をその枝の先に位置づけて学習すればいいだけです。このシリーズはできるだけ適切なメリハリをつけて法律の幹の部分の学習に重点をおいていますから、法律の森に迷い込んで方向がわからなくなってしまうことがありません。

　3つ目の抽象的な議論が多いうえに言葉が難しいという点は、このシリーズは具体的なケース（Case）をもとに**具体例を意識しながら**、わかりやすい言葉で解説していますから安心してください。難しいことを難しく説明することはだれでもできます。簡単なことを平易に解説することも容易でしょう。難しいことをわかりやすく説明するところにこのシリーズの役割があります。

2　試験対策で必要なことはたった3つだけ

　法律の勉強は語学と同じだとお話ししましたが、もう1点、語学と同じところがあります。それは、法律を学んで何をしたいのかを常に考えてみようということです。語学を学ぶときも、ただ学ぶだけでなく、その語学を使って何をしたいのかという目的意識をもって学んだほうが圧倒的に速く身につきます。法律も、試験をめざして勉強する、学部成績をアップさせる、就活に有利に使う、実際のトラブルを解決するために使う、などの目的意識がはっきりしていたほうがより速く、効果的に学習できます。

　ですから、このシリーズで基本を学んだあとは、必ず次のステップに進んでほしいと思います。

行政書士や司法書士、そして司法試験などの法律資格の取得に、公務員などの就職筆記試験の合格に必要な勉強で身につけるべきことは3つだけです。

1つ目は盤石な基礎固めです。曖昧な100の知識よりも正確な10の知識のほうがずっと役に立ちます。知ったかぶりをするために曖昧な知識を振りかざすことができても試験には絶対に合格できません。**知識は量ではなく質、精度で勝負すべきなのです。**

2つ目はその基礎から考えて決断する訓練です。知らない問題がでても対処できるように自分の頭で考えて答えを創りだせるような力をつける必要があります。

3つ目は答案を書いたり、問題を解いたりして表現方法を訓練する必要があります。アウトプット（答案作成力）の訓練です。これをやっておかないと、頭ではわかっているのだけれど書けないという悔しい思いをすることがあります。

この3つのステップにおいてもっとも重要なものは言うまでもなく、**盤石な基礎**です。どの分野の勉強でもスポーツでも音楽でもほかの芸術でも同じだと思います。基礎なくしては絶対に先に進めません。特に、これから公務員試験、司法試験、就職試験、司法書士試験、行政書士試験などさまざまな分野に進もうと決意したときに、しっかりとした基礎固めさえしておけば、後悔しないですみます。勉強を始める段階では、将来の可能性を広げておくような勉強をしておかなければなりません。このシリーズはあなたの将来の可能性を広げる役割を果たします。

3 Fast Track のめざすところ

最後に、このシリーズの名称がなぜ Fast Track なのかお話ししておきます。

Fast Track とは、ほかとは別扱いのルート＝track を通って、重要なものとか大切なもののための特別の早道とか抜け道、追い越し車線、急行列車用の線路を通るという意味です。つまり、難しく感じる法律の知識や議論を迅速に理解してもらえるようにという意味でつけました。また、はじめて法律の世界を知る人たちにとっては法律という競技場トラックの1周目ですから、First Track ともかけています。

このシリーズで、法律の世界をすばやく、楽しく1周してみてください。

ガイダンス ●●●●●●●●●●●●●●●●●●●●●●●●

1 このシリーズの構成

(1) Case と Answer でイメージしてみよう

このシリーズの大きな特徴として、**特に重要な項目**については、**具体的なイメージをもって理解できる**ように、その冒頭に、具体的な事実関係をもとにした設例を示す Case とその解答となる Answer を設けています。Case については、まずは法律の知識を気にすることなく、常識としてどのような結論になるのだろうかという視点から考えてみてください。そのうえで Answer を読むことによって、その項目について興味をもちながら読み進めることができるはずです。

(2) 法律初学者を迷わせない判例・通説に基づく説明

法律では、たとえばある条文の解釈について考え方が何通りかに分かれている、いわゆる論点とよばれるものがいくつもあります。この論点については、裁判所の確立した先例（判例）や通説、少数説など考え方の対立が激しいものもあり、深く学習しようとすると初心者にとってはわかりにくくなってしまいがちです。そこで、このシリーズでは、論点については**原則として判例・通説を拠り所として説明をする**にとどめています。例外として、判例・通説以外の考え方を理解しておかないと、そのテーマについての正確な理解をすることができないなどの場合にかぎって、判例・通説以外の考え方も説明しています。

(3) ビジュアル化で理解を手助け

法律の学習においては、**図や表を活用することで理解を助けます**。たとえば、具体的な事例を図に描いてみたり、さまざまな知識を表に整理したりしてビジュアル化することにより、理解がしやすくなることが多いはずです。このシリーズでは、そのような観点から、各所に図・表を用いています。

(4) 側注でも理解を手助け

側注には、本文に判例を示した場合の判例の事件名または『伊藤真試験対策講座』のページ、条文、用語の説明、ほかの章やページへのリファレンスが書かれ

ています。そのなかでも**特に注目しておくものには、色の罫線で囲み**があります。側注は、基本的に本文を補助するものですから、丁寧に読む必要はありません。本文で気になる箇所やわかりにくい箇所があったら、参照することで理解を助けてくれるでしょう。

（1）判例の事件名

　判例については、その判例の内容が具体的にわかるように、側注に『伊藤真試験対策講座』または『伊藤真の判例シリーズ』に掲載している事件名を入れました。これらに事件名がないものは、その表題を入れました。

　このシリーズは基本となる事項を厳選して説明しているため、判例の判決文をそのまま引用するという方法は極力避けています。そのため、このシリーズを読んで判例を更に詳しく学習してみたいと思ったとき、判例の詳細を学習することができるように、その判例が掲載されている『伊藤真試験対策講座』のページや事件名を入れました。なお、最新の判例でこれに登載されていないものには、「☆」マークを付けたうえでその判例の内容を端的に示す事件名を入れています。

（2）条文

　条文は、法律をはじめて学習する場合、慣れるまでは読みにくく感じてしまいがちです。そこで、このシリーズでは、本文では条文をそのまま引用せずに、要約をするなど条文の内容がわかるように努めました。理解を助けるために必要と思われる条文は、側注に入れています。実際の条文がどのように書かれているのかを確認したい場合は、側注を参照してください。

（3）法律等の用語説明

　法律の学習では、あるテーマを学習するにあたり、他のテーマの知識が必要になる場合があります。また、法律には多くの法律用語があり、その意味を正しく理解することがとても重要なので、本文で学習する法律用語や知識の意味をすぐに確認することができるように、側注にその説明を加えました。すでに説明された用語でも、法律をはじめて学習するときには理解し難い用語や一般的な意味とは異なる用語などは≪復習 Word ≫として表記しています。

　また、法律用語にとどまらず、少し難しい一般用語の説明もしています。

（4）リファレンス

　本文や側注で説明をするよりも、関連する項目を説明している箇所を読んだほうが適切である場合には、リファレンスする箇所を示しています。ただし、すぐにリファレンス先のページを読むよりは、どうしても気になるとき以外は、意識が散漫になるため、学習している章や項目が読み終わってからリファレンス先を読むほうがよいでしょう。

⑸　2色刷りを有用してメリハリづけ

　キーワードや特に重要な文章は色文字で強調しています。これによって、メリハリをつけた学習や効率のよい復習が可能です。

　冒頭でお話ししたメリハリづけの重要性というのと、キーワードや重要な文章のメリハリづけとは少し違いますが、各テーマや各項目を理解するためには、色文字で強調されているところを意識して読み、記憶しておくことで、学習が進みやすくなります。

　ちなみに、冒頭でお話しした法律の森に迷い込んで方向がわからなくなってしまわないようにメリハリづけしているというのは、このシリーズで取り上げた章をさしています。法律には、このシリーズでは取り上げていないものも多くあります。法律の幹の部分となる各章の学習をして、法律の森で迷わないようにしましょう。

⑹　学習の難易度（ランク）でメリハリづけ

　このシリーズでは、メリハリをつけて効率よく学習することができるように、**キ・ス・デ** という3段階のランクを表示しています。この3つの意味は次のとおりです。

　　キ ここは基本！：法律の学習を始めたばかりであっても、しっかり理解する
　　（**キ**ホン）　　　必要のある基本的な事項です。まずはここを確実に理解で
　　　　　　　　　　　きるようにしましょう。

　　ス できたら**ス**ゴイ！：重要な論点やそれについての判例などを含んでおり、
　　　　　　　　　　　法律の学習を始めたばかりの時期に理解できたらす

ごいといえる事項です。法律の学習を進めていくう
えで重要な事項ばかりですので、早くから理解して
おきたい事項であるといえます。

テ 君ならできる！：このシリーズのなかでは難易度の高い事項であるもの
（**テ**キル）　　の、がんばって取り組めば法律の学習を始めたばかりで
あっても理解することができると考えられる事項です。
一読して難しいと感じた場合には読み飛ばしてもかまい
ませんが、何度か繰り返し読んでいくうちに理解できる
ようになるでしょう。

(7) プラスα文献を利用してステップアップ

　各章の末尾に、このシリーズの上位本である『伊藤真試験対策講座』、『伊藤真
の判例シリーズ』、『伊藤真の条文シリーズ』、『伊藤真新ステップアップシリーズ』
の対応箇所を示しています。本書を学習し終え、次の段階へ進む場合や、法律関
係の資格試験や公務員試験にチャレンジする場合には、これら姉妹シリーズを活
用して法律学習のステップアップを図ってください。

(8) Exercise で試験問題にチャレンジ

　各章の末尾に、関係する国家試験問題などを中心に Exercise として掲載してい
ます。○か×かで答えられるように、少し手を加えたものもあります。これによっ
て、知識の確認をしたり、国家試験等で実際にどのような問題が出題されている
のかを確認したりすることができます。

　問題には、試験名と出題年度（行政書士試験については出題年度と問題番号、
法学検定試験については中級または上級の区分のみ。なお、法学検定試験の掲載
にあたっては「法学検定試験委員会」の転載許諾を得ています）を示しているた
め、受験を考えている試験の問題だけを解いていくという使い方も有益でしょう。

　問題文の側注には、正誤だけでなく本文へのリファレンスも示しています。こ
のリファレンスによって、間違えてしまった場合などにはすぐに本文を参照する
ことができます。また、×の場合は、どこが誤りなのか下線を引いてあります。

2 このシリーズの使い方

(1) 体系を意識した学習

　このシリーズは法律の体系に従って章を構成しているため、はじめて法律を学習するなら第1章から順番に読み進めるのが効果的です。

　ただし、法律は、複数の分野が絡み合っている場合も少なくありません。その場合には、側注に用語説明やリファレンスを設けているため、上手に活用してください。それによって理解が進むはずです。

　しかし、それでもよくわからないという場合には、あまり気にすることなく読み飛ばしてしまってかまいません。法律の学習を始めたばかりのうちは、わからない箇所は読み飛ばしていき、最後まで一読した後で読み直してみれば、意外にもすんなり理解することができるということが多々あります。**法律は全体像を把握してはじめて真に理解することができるもの**です。

(2) 記憶よりも理解が重要

　法律の学習は覚えるものと誤解しているかもしれませんが、法律の学習で一番重要なのは、記憶することではなく理解することです。たとえば、ある条文を学習する場合に、単にその条文を覚えるのではなく、その条文はなぜそのような定めをしているのか（このような、条文などの存在理由・目的などを趣旨といいます）を理解することが重要なのです。このように理解する方法が身につけば、繰り返し学習をしていくなかで重要事項については自然に覚えてしまうものです。

　条文の趣旨は何だろうかと考えたり、判例はなぜそのような結論をとったのかと考えたり、なぜそうなるのかという点を考え、**理解する姿勢があれば、無味乾燥な記憶の学習にならず、興味をもちながら楽しく法律の学習をすることができる**でしょう。

(3) 条文の読み方のコツ

　条文を読む際に、意味を正確に理解しておくべき接続詞があります。「又は」と「若しくは」、「及び」と「並びに」の4つです。これらは法律では非常によくでて

くるので、ここで理解しておきましょう。

　「又は」と「若しくは」は、複数のものを選択する場合に使われます。基本的には「又は」を使いますが、選択するものに段階がある場合には「若しくは」も使います。たとえば、「A 又は B 若しくは C」という場合、まずは B と C が選択の関係にあり（B 若しくは C）、そのうえでこれらが A と選択の関係にあります（「A」又は「B 若しくは C」）。

　「及び」と「並びに」は、複数のものを併合する場合に使われます。基本的には「及び」を使いますが、併合するものに段階がある場合には「並びに」も使います。たとえば、「A 及び B 並びに C」という場合、まず A と B が併合の関係にあり（A 及び B）、更にこれらと C が併合の関係になります（「A 及び B」並びに「C」）。

A 又は B 若しくは C	A 及び B 並びに C

　このシリーズの作成にあたっては、今回も弘文堂のみなさんに大変お世話になりました。また、伊藤塾の司法試験合格者を中心とする優秀な多くのスタッフの協力がなければこのシリーズが世にでることなかったでしょう。ここに改めて感謝の意を表します。

2015 年 2 月　伊藤　真

伊藤塾ホームページ

第9章

各章のテーマ名です。法律の世界で広く使われているものです。

行政手続法①申請に対する処分と不利益処分
—— 正しい手続なくして正しい処分なし ◄

サブタイトルです。各章の内容がイメージしてもらえると思います。

キ……ここは基本！
ステ 君ならできる！
：：：できたらスゴイ！

《復習 Word》
申請とは、法令上、個人が行政庁に対して許可等を求め、行政庁が承諾するか拒否するか応答する必要があるものをいいます。

旅券法第 13 条 一般旅券の発給等の制限
1 外務大臣又は領事官は、一般旅券の発給又は渡航先の追加を受けようとする者が次の各号のいずれかに該当する場合には、一般旅券の発給又は渡航先の追加をしないことができる。
⑤ 旅券若しくは渡航書を偽造し、又は旅券若しくは渡航書として偽造された文書を行使し若し……

Case 1

ウキウキ！台湾旅行！のはずが……

20XX 年 6 月 12 日、私は千葉県 α 市に取材に来た。先日、大学 2 年生の A 男は、半年ほど交際している B 子と夏休みに台湾旅行に行くため、パスポートの申請を旅券事務所でしたそうだ。ところが、A 男の申請に対して、「旅券法 13 条 1 項 5 号に該当する」との理由だけが書かれた書面が交付されたという。

この外務大臣のパスポート発給拒否処分は適法なのだろうか。 法治新聞記者 政行

Answer 1 この外務大臣の一般旅券発給拒否処分は違……です。

学習の難易度をアイコンで示しています。
→詳しくは、1(6)を見よう！

1 お上が守るべきルール

(1) 行政手続法はなぜ必要？

たとえば、あなたが行政から違法な処分を受けた場合、あ……訴えることができます。裁判に勝つと、違法……された時にさかのぼって効力を失うため、法……から処分はなかったものとして扱われます。……、現実には一度処分がされたのですから、実際問題として、以前の状態に完全に戻れるとはかぎりません。

重要な項目は、具体的にイメージをもてるようにCase（設例）とAnswer（解答）があります。
→詳しくは、1(1)を見よう！

……する処分と不利益処分

知識を整理したり、具体例をイメージさせる図表です。
→詳しくは、1(3)を見よう！

……は間にあわない可能性が高いので、D は差止訴訟を起こ……こすことになります。

【差止訴訟】

処分しようかな…？

そうはさせない！

STOP

（国民）

（行政庁）

処

ただし、簡単に差止を認めると、行政の運営に……

公有水面とは、川・海・湖・沼その他の公共のために使われている水流または水面で、国の所有に属するものをいいます。港湾施設の整備など、公有水面の埋め立てをする場合には、公有水面埋立法に基づき、都道府県知事から公有水面埋立許可を受ける必要があります。

行政事件訴訟法第 3 条 抗告訴訟
7 この法律において「差止めの訴え」とは、行政庁が一定の処分又は裁決をすべきでないにかかわらずこれがされようとしている場合において、行政庁がその処分又は裁決をしてはならない旨を命ずることを求める訴訟をいう。

特に注目しておく条文や判例、内容には囲みがあります。
→詳しくは、1(4)を見よう！

Exercise

各章に関連する国家試験問題
とその解答です。
→詳しくは、1**(8)**を見よう！

1	行政庁 A が法令上有する権限を行政機関 B が代理した場合、対外的には B が当該権限を行使したことになる。 (法検上級 H23年)	× 1**【4】**(2)
2	権限の委任を受けた受任者は、民法上の委任とは異なり、代理権の付与を伴わないため、当該権限の行使を委任者の名で行う。 (特別区 H22年)	× 1**【4】**(2)
3	専決とは、権限ある行政庁が自ら決定するのではなく、その補助機関が、権限ある行政庁の名において決定するという事務処理方式である。 (法検上級 H25年)	○ 1**【4】**(2)
4	国家行政組織法は、内閣府を含む内閣の統轄のもとにおける行政機関の組織の基準を定める法律である。 (行書 H21-26)	× 2**【2】**(1)
5	省には外局として、委員会および庁がおかれるが、内閣府にはその H21-26)	× 2**【2】**(2)

議会による × H25年) | 3**【3】**(2)

された場 ○ H24-23) | 3**【3】**(2)

利や義務を変動させる効果が発生したといえるでしょうか。

たしかに、この段階ではまだ、所有者は立退きを迫られてはいません。ですが、事業計画によると最終的には換地処分まで行われる予定となっています。そうすると、計画が決定した段階で土地の所有者は、計画が途中で変更されるなどの特段の事情がないかぎり、換地処分を受けるべき地位に立たされたといえます。

これは、計画によって具体的に発生した効果です。ですから、土地区画整理事業計画の決定には、処分性が認められます。

（2）計画の決定段階にも認めてよ！

判例は、土地区画整理事業計画の決定に処分性を認める理由として、次のような説明もしています。

ある処分を取り消すと、取り消す利益よりも不利益が大きくなる場合には、本来は処分を取り消すべきだけれども不利益を避けるために取り消しません、という判決（事情判決）が

重要な用語や文は色字になっ
ています。
→詳しくは、1**(5)**を見よう！

です。ですから、この段階で処分を争っても、事情判決がだされてしまい、土地所有者は救済されない可能性が高いのです。これを避け、確実に土地所有者を救済するためには、もっと早い段階で争うことを可能にするべきです。判例は、そのためにも計画の決定に処分性を認めるべきとしています。

このように、実効的な救済という視点も、処分性を判断する要素のひとつとなっています。

プラスα文献

試験対策講座 6 章 2 節③【1】
判例シリーズ 44 事件～56 事件

広く一般に知られている判例には
名称が付いています。
→詳しくは、1**(4)**(1)を見よう！

土地区画整理事業の事
業計画の処分性

事情判決については、第
18 章 取消訴訟の審理・
訴訟の終了 2**(9)** で詳し
く学習します。

を動かすのはだれだ？ 21

更に学習したい場合、それぞれ
の書籍の見るべきところを示し
ています。
→詳しくは、1**(7)**を見よう！

処分じゃなくても処分性あり?? 139

伊藤 真
ファーストトラック
シリーズ7

行政法 第2版

序章

プロローグ──政行記者の全国行脚

1 人物紹介

政行(まさゆき) 高校野球ファンでスポーツ報道に携わりたいとの熱い思いから、法治新聞に入った本書の主人公です。新聞記者をめざした理由のひとつには、憧れのアイドルを取材することがあるかもしれないという不純な動機もちょっぴりありました。しかし、自宅のすぐ近くに原子力発電所が設置される許可がでたという事件をきっかけに、政行は行政に関する問題を放置してはいけないと思い立ち、スポーツニュースではなく行政に関わる事件を求めて全国行脚を開始します。

2 この本のあらすじ

本書では、政行が日本各地で起こる行政に関する事件を取材しに行きます。政行は、取材のたびに取材メモを書きますが、私たちはその取材メモに目をとおすことで事件に触れることになります。取材した事件の結論はいったいどうなるのか。それは、本文を読んでのお楽しみです。

ところで、この本にはいろいろな法令が登場します。長い名称も多いので、次のように略して表記しているところがあります。

初出の章	正式な名前	略称
1章	行政事件訴訟法	行訴法
1章	核原料物質、核燃料物質及び原子炉の規制に関する法律	原子炉等規制法
2章	国家行政組織法	行組法
3章	行政手続法	行手法
4章	銃砲刀剣類所持等取締法	銃刀法
6章	風俗営業等の規制及び業務の適正化等に関する法律	風営法
8章	行政代執行法	代執行法
11章	行政機関の保有する情報の公開に関する法律	情報公開法
12章	個人情報の保護に関する法律	個人情報保護法
13章	行政不服審査法	行服法
16章	建築基準法	建基法
16章	食品衛生法	食衛法
17章	国家公務員法	国公法
19章	地方自治法	地自法

　それでは、政行と一緒に、行政事件をめぐる全国行脚の旅に出掛けましょう！

ようこそ行政法の世界へ──モイ（Moi）行政法

1 行政法っていわれても……

Case

我が家のピンチ！

20XX 年 11 月 11 日、夕飯時のわが家の食卓に衝撃が走った。静岡県 α 市にあるわが家のすぐ近くに、新しく原子力発電所を設置する許可が A 社にだされたというニュースが放映されたからだ。予定地の近くには活断層があって地盤がよくないし、A 社の津波対策は万全ではないという専門家の意見がでているようだ。これでは、万が一、大規模な地震が起きたら、家族が危険にさらされかねない。なんとか原子力発電所の設置をやめさせる方法はないのだろうか。　　　　　　　　　法治新聞記者　政行

Answer 行政不服申立てを行う、行政事件訴訟を起こすなどの方法が考えられます。

　この章では、行政法の全体像についてみていきます。

(1) 行政法……？六法全書にはないよ？

　憲法、民法などを学習したときには、六法全書を開けばそれぞれの法律が載っていました。ですが、六法全書をいくら探しても、行政法という名前の法律はありません。

　その理由は、行政法という名前の法律が存在していないからです。行政法とは、行政に関わる法律の総称なのです。

行政法＝行政に関わる法律

行政事件訴訟法

行政手続法

行政不服審査法

建築基準法

道路交通法

核原料物質、核燃料物質及び
原子炉の規制に関する法律
etc.

個別法

　では、行政法と総称される法律たちには、具体的にどのようなものがあるでしょうか。

　まず、**行政事件訴訟法**や**行政手続法**などの名前に「行政」がつく法律がいくつかあります。これらは当然行政法に含まれます。

　また、建物を建てるなら建築基準法が、**Case** のように原子力発電所を建設するなら**核原料物質、核燃料物質及び原子炉の規制に関する法律**が関係してきます。これらのように、さまざまな分野ごとに定められている法律（個別法）も行政法のひとつです。

(2)　行政法なんて私には関係ないだろうな？

　行政というと、霞が関にある官庁や各地の都道府県庁、市役所などで公務員が勝手にしていることで、自分たちにはあまり関係ない話だと思いがちです。政行も今回のニュースが流れるまではそう思っていたことでしょう。

　ですが、**Case** では、「核原料物質、核燃料物質及び原子炉の規制に関する法律」という法律が政行の生活の安全に大きく関わっています。また、もっと身近な例でいえば、通学や通勤をするにしても、行政法と関わらずにいることはできません。私たちが電車を安定した価格で安全に利用できるのは、鉄道事業法によってさまざまな規制がされているからです。また、自動車に乗るのであれば、道路交通法に定められてい

るように、運転免許証をもち、道路標識に従って運転をしなければなりません。

　どうですか？行政法は、ずいぶんと**私たちの日々の生活に関わっている**ことがわかりますね。

1-2

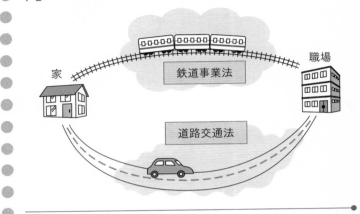

(3)　行政活動の担い手はだれ？

私人とは、公的な立場ではなく私的な立場にいる個人のことをいいます。

①　行政法の主な役目は、国や地方公共団体と私人の間の関係①についてルールをつくることにあります。

地方公共団体とは、都道府県や市町村など、国の一定の地域で公共の事務を処理する団体のことをいいます。

②　国や地方公共団体のように公の業務（行政活動）を行う団体②のことを**行政主体**といいます。しかし、行政主体は、自分では何かを決めたり、決めたことを人々に示したりすることはできません。国であれば各省庁の**大臣**が、地方公共団体であれば**都道府県知事**や**市町村長**が代わりに行います。**委員会**の③ような人の集まりが行うこともあります。このような**機関**のことを**行政庁**といいます。

行政主体については、第2章 行政のしくみ1**(1)**で詳しく学習します。

委員会とは、複数の人で構成される合議制の機関をいいます。

行政庁については、第2章行政のしくみ1**(2)**（1）で詳しく学習します。

③

(4)　こんなときに事件発生！

　行政庁は、運転免許の取消しをしたり、飲食店の営業を許可しないなど、私たちの思いどおりにはならないことをすることがあります。**Case** では、原子力規制委員会という**行政庁**

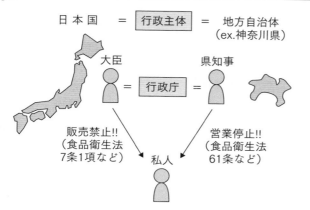

日本国　＝　行政主体　＝　地方自治体
　　　　　　　　　　　　（ex.神奈川県）

　　　　大臣　　　　　　　　県知事
　　　　＝　行政庁　＝

販売禁止!!　　　　　　　　営業停止!!
（食品衛生法　　　　　　　（食品衛生法
7条1項など）　　　　　　　61条など）

　　　　　　　私人

が、原子力発電所の設置を許可する処分をしています。

　これに対して、政行のように不満をもった人が法的に争うと、**行政事件**がスタートします。

2 「訴えてやる！」、その前に

　法的に争うというと、何をイメージしますか。おそらく裁判所に行って訴訟を起こすことをイメージすると思います。

　ですが、政行は、訴訟を起こすのではなく**行政不服申立て**を行うこともできます。行政不服申立てとは、裁判所ではなく、行政庁に対して、処分を取消し・変更してほしいと求めることです。

　また、訴訟という手段にでる前に、<u>行政機関がもっている情報を自分に見せるよう要求することもできます</u>。

3 それはおかしい！訴えてやる！

(1) 相手は国なの?!いざ勝負！

　訴訟というと、私人と私人が争う**民事訴訟**や、検察官と被告人・弁護人が争う**刑事訴訟**をイメージすると思います。で

行政不服申立てについては、第13章 行政不服申立て①制度の全体像、第14章 行政不服申立て②教示・執行停止制度などで詳しく学習します。

行政機関がもっている情報を見る手段については、第11章 情報公開法、第12章 個人情報保護法で詳しく学習します。

すが、国や地方公共団体を相手に訴訟を起こすこともできます。これを**行政事件訴訟**といいます。

(2) この訴訟に決めた！―訴訟選択―

(1) どれにしようかな？―行政事件訴訟―

では、どのような訴訟を起こすことができるのでしょうか。

まず、行政事件訴訟法2条から6条までに、さまざまな訴訟があげられています。これらのうちもっとも典型的なのが、行政事件訴訟法3条2項の**処分の取消しの訴え**（**取消訴訟**）です。これは、文字どおり、行政庁が行ったことを取り消し、なかったことにするための訴訟です。

Case では、行政庁が行った原子力発電所の設置許可処分をなかったことにしたいのですから、この処分の取消訴訟を起こすのがよいでしょう。

行政事件訴訟法3条6項の**義務付けの訴え**（**義務付け訴訟**）は、行政庁に、原告が求めることをする義務を負わせる訴訟です。行政事件訴訟法3条7項の**差止めの訴え**（**差止訴訟**）は、行政庁がしようとしていることを止めさせる訴訟です。これらの訴訟はこれからよく登場してきますので、どのような訴訟なのかイメージをもっておきましょう。

ほかにも、**裁決の取消訴訟**（行訴法3条3項）、**無効等確認訴訟**（行訴法3条4項）、**不作為の違法確認訴訟**（行訴法3条5項）、**当事者訴訟**（行訴法4条）、**民衆訴訟**（行訴法5条）、**機関訴訟**（行訴法6条）があります。

1-4 ●

行政事件訴訟	抗告訴訟	処分の取消訴訟
	当事者訴訟	裁決の取消訴訟
	民衆訴訟	無効等確認訴訟
	機関訴訟	不作為の違法確認訴訟
		義務付け訴訟
		差止訴訟

④ 原告とは、訴訟における訴える側の当事者のことをいいます。

取消訴訟以外の行政事件訴訟については、第19章その他の行政事件訴訟で詳しく学習します。

（2）時間がない！今すぐ助けて！―仮の救済―

訴訟で判決がでるのを待っていては間に合わないというような場合には、**一時的な救済を受ける手続を採ることができます**。具体的には、取消訴訟であれば、**執行停止の申立て**（行訴法25条）により、許可処分の効果を一時的に止めて、A社が原子力発電所を設置できないようにすることができます。

（3）お金で解決しましょう―国家賠償・損失補償―

行政事件訴訟以外にも、**国家賠償請求訴訟**と**損失補償請求訴訟**があります。これは、国や公共団体がしたことによって損害を受けたときに、その賠償や補償を請求するものです。

3　その訴訟、する必要あるの？―訴訟要件―

（1）ムダな訴訟は門前払い

どのような訴えを起こすかが決まったとしても、**訴訟要件**とよばれる要件をみたしていなければ、訴えは却下、つまり門前払いにされてしまいます。

訴訟要件は訴えの種類によって異なりますが、ここでは **Case** で起こされた処分の**取消訴訟**の訴訟要件をみてみましょう。

（2）取消訴訟を起こすなら……

まず、取消訴訟で取り消せるものは、**処分**にかぎられます。ですから、行政庁が私人に対して行った仕打ちがいくらひどいものだったとしても、それが、裁判所が判決によって取り消すことのできる処分にあたらなければ、取消訴訟で争うことはできないのです。

次に、取消訴訟はだれでも起こせるわけではありません。原告となるための資格（原告適格）が必要です。たとえば、北海道に原子力発電所の設置を許可する処分がされたというときに、沖縄に住んでおり、北海道とは縁もゆかりもない人がその取消訴訟を起こすことはできません。

このほかにも、**訴えの利益**、**被告適格**、**出訴期間**等の訴訟要件をみたす必要があります。

5

仮の救済とは、判決が確定するまでの間、処分の効力を停止させるなどして、一時的に原告を保護する措置をいいます。

執行停止の申立てについては、第18章 取消訴訟の審理・訴訟の終了で詳しく学習します。

国家賠償については、第20章 国家賠償で、損失補償については、第21章 損失補償で詳しく学習します。

6

訴訟要件とは、本案判決に向けた審理をするための要件のことをいいます。

7

訴えの却下とは、訴訟要件をみたさないため、訴えを排除することをいいます。

処分については、第15章 訴訟要件①処分性で詳しく学習します。

原告適格については、第16章 訴訟要件②原告適格で詳しく学習します。

訴えの利益、被告適格、出訴期間については、第17章 訴訟要件③訴えの利益・その他の訴訟要件で詳しく学習します。

(4)　さあ、白黒つけましょう！―本案審理―

　訴訟要件が揃い、訴えを起こすことが認められると、次は原告の請求が認められるかどうかの審理と判断がされます。これを**本案審理**といいます。

　取消訴訟では、処分が違法なら取り消され、適法な処分だったとなれば取り消されません。これは、行政活動は法律に従って行われなくてはならないからです（<u>法律による行政の原理</u>）。ですから、取消訴訟では、**処分が違法かどうかを審理**し、判断することになります。処分が違法となるのは、**処分の内容がおかしい場合**と、**手続がおかしい場合**の２つです。

（1）処分の内容がおかしい場合

（a）法律にダメって書いてあるよ！

　まず、**法律にはっきりと書いてあることに違反している場合**には、処分の内容がおかしいといえます。たとえば、原子力発電所の設置許可は成年被後見人が役員となっている法人には与えてはならないと法律で定められていますから、**Case** でも A 社の役員に成年被後見人がいるとしたら、許可は違法となります。

（b）ダメとは書かれていないけれど……

　次に、処分をだしていいのかどうかが法律にはっきりと書かれていないことがあります。たとえば、原子力発電所の設置を許可するための要件として、「発電用原子炉の運転を適確に遂行するに足りる技術的能力があること」という条文があります（原子炉等規制法 43 条の 3 の 6 第 1 項 3 号）が、福島の原子力発電所の事故からわかるように、どのくらいの能力があれば十分なのかがはっきりしません。最終的には、行政機関がいろいろな事情を総合的に考慮して Yes か No かを決めるしかありません。このように、行政機関がある程度自由に判断できる幅のことを、**行政裁量**といいます。

　行政裁量が認められている場合には、行政機関が裁量の逸脱や濫用をした場合に違法となります。**Case** であれば、津波

法律による行政の原理については、第 3 章 行政の基本原理 1 で詳しく学習します。

成年被後見人とは、精神上の障害により、事理を弁識する能力を欠く常況にあるとして、家庭裁判所から後見開始の審判を受けた者をいいます。

ファーストトラック民法 第 2 章 権利の主体（自然人）4(3)(1) を見よう！

行政裁量については、第 6 章 行政裁量で詳しく学習します。

による被害が予測されるのに、津波対策が十分でないということを許可にあたって考えていなかったような場合には、考慮すべきことを考慮していない（考慮不尽）として、裁量の逸脱や濫用ということになる可能性があります。

（ c ）どの段階の話なのか意識して！

　第4章 行政による規範定立、第5章 行政行為、第7章 非権力的な行為形式、第8章 行政上の強制措置では、行政機関が行うさまざまな行為について学習します。これらは、①法律で許されていないか、法律による行政の原理に違反し違法なのではないか、②行政機関が裁量の逸脱や濫用をしていて違法なのではないか、ということと関連する話です。**訴訟の流れのどの段階に位置づけられる問題なのか**を、しっかりと意識しながら学習するようにしましょう。

（2）処分にいたる手続がおかしい場合

　処分の内容はおかしくなくても、処分をするのに必要かつ重要な**手続**をきちんとしていなければ違法となります。必要な手続は、主に**行政手続法**という法律に書かれています。

(5)　訴訟はどう進む？どう終わる？

　行政事件訴訟は、基本的には民事訴訟と同じように進められます。ですが、行政事件訴訟特有のルールが設けられている部分もあります。また、判決がでたときの効果についても、民事訴訟とは違う部分があります。

1-5 ●

```
行政事件発生
   ↓
  不服申立て
   ↓
訴訟提起・仮の救済の申立て
   ↓
訴訟要件
   ↓
本案審理（実体手続）
   ↓
 判　決
```

行政手続法については、第9章 行政手続法①申請に対する処分と不利益処分、第10章 行政手続法②行政指導・届出・意見公募手続・適用除外で詳しく学習します。

行政事件訴訟の進め方、判決の効果については、第18章 取消訴訟の審理・訴訟の終了で詳しく学習します。

プラスα文献
試験対策講座１章

第2章

行政のしくみ——行政を動かすのはだれだ?

キ……ここは基本!
ステ…君ならできる!
∴…できたらスゴイ!

1 決めるのは県知事? それとも県庁?
―行政組織の基本概念―

Case

聞くだけでも意味がある!

20XX 年 4 月 16 日、私は茨城県 α 町に取材に来た。α 町が新しく建設するゴミ処分場について、友人の A 子が、α 町環境審議会の一員として、環境保護の観点から意見することになっているのだ。ゴミ処分場は α 町北東の森林地帯の側に建設される予定のため、環境破壊につながらないかと心配されている。

私は α 町環境審議会について詳しく知らないが、もし α 町が α 町環境審議会の決議を無視してゴミ処分場の建設を進めた場合、α 町のゴミ処分場建設は違法となるのだろうか。

法治新聞記者　政行

① **Answer** α 町環境審議会が参与機関であれば、α 町環境審議会の決議を無視した α 町のゴミ処分場建設は違法となります。

> 参与機関とは、みずから行政の意思決定をする権限はないものの、その機関の議決が行政庁の意思決定の要件となっている機関をいいます。

(1) 行政主体って、だれのこと?

たとえば、都知事が東京都のために M から土地を買った場合、M との売買契約の買主として代金を払わなければならないのは東京都でしょうか、それとも、売買契約を結ぶ判断を

した都知事でしょうか。答えは、売買契約の買主になるのは東京都で、代金を払う義務も、実際に売買契約を結ぶ判断をした都知事ではなく、東京都にあります。

この場合の東京都のように、**行政活動を行い、行政活動の際に取得した権利・義務をもつもの**を**行政主体**といいます。国と都道府県、市町村などの地方公共団体が典型的な行政主体にあたります。

行政主体は、行政活動上の権利・義務をもつのはだれかという観点からつくられた実体のないものなので、行政主体自身で行政活動をすることはできません。行政活動をするためには、行政主体の手足となる都知事のような**行政機関が必要**となります。

(2) 行政機関の種類を知ろう！

ここでは、行政主体の手足となって実際に活動する行政機関についてみていきます。

(1) 行政主体の決断者が行政庁

国や都道府県が活動していくためには、まずは何をするか決断することが必要です。行政主体においてその役目を担うポジションが**行政庁**です。②

次に必要となるのはどのような機関でしょうか。行政庁が、その時その時でベストな決断をするためには、情報収集をはじめとする入念な準備が必要です。しかし、都知事1人で多くの問題に対し入念な準備をすることは不可能です。また、行政庁以外の行政機関でも仕事量が多いため、手助けしてくれる人たちが必要です。そこで、行政庁およびこれから紹介する他の行政機関の仕事を補助する人たちが必要となります。その役割は、各行政機関の職員といった**補助機関**が担うことになります。

さらに、行政庁が決めたことを実行する実働部隊も社会秩序を守るために必要です。その役割は、消防士や警察官と

② 行政庁と聞くと、外務省や金融庁というような、役所の建物や組織をイメージするかもしれません。しかし、ここでいう行政庁はそうではなく、東京都でいえば都知事など、原則として1人の人間のことをさしています。

いった**執行機関**が担うことになります。

　そして、忘れてはいけないのが、行政庁が暴走しないかを監視する役割です。行政庁を監視する役割は、**監査機関**が担います。

（2）相談に乗るよ！―諮問機関と参与機関―

　最後に必要な機関が、行政庁から相談を受けて、専門的な観点から意見を述べる機関です。行政庁が直面する問題は、行政庁がもっている知識だけで常に対応できるものではありません。どうしたら英語教育が充実するのか、どうしたら河川の汚染を食い止められるのかなど、その分野の専門的知識が必要不可欠な場合が多くあります。そのような場合の行政庁の相談役として必要となるのが、**諮問機関**と**参与機関**です。

　諮問機関と参与機関を合わせた行政機関を**広い意味での諮問機関**といいます。2つの違いは、行政庁は、参与機関の意見には従わなければいけませんが、諮問機関の意見は参考にするというもので従わなくてもよいということです。

　ですから、**Case** でも、A子が所属するα町環境審議会が参与機関であれば、α町はα町環境審議会がした反対決議を無視してゴミ処分場を建設することができないのです。

　ちなみに、参与という言葉は、北朝鮮拉致被害者家族担当内閣官房参与のように、内閣総理大臣などの相談役を意味することもあります。こちらは、先に説明した意味とは違い、

2-1

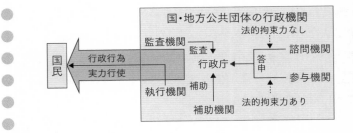

諮問機関のうち意思決定を1人で行う者のことをさします。

　もう少し詳しく行政庁についてみていきましょう。

(3)　行政庁は、行政のトップ！

　行政庁の意思決定は1人で行うのが原則です。これを**独任制**といいます。独任制の長所は、話合いをすることなく1人の人間だけで意思決定ができるので、意思決定にかかる時間が短く、素早い対応が可能であることです。これに加えて、1人しかいないので、意思決定の責任がだれにあるのかがはっきりしている点も長所です。

　しかし、1人で専門的な問題を解決することはほぼ不可能です。また、1人で意思決定できるとすると、その人が内閣や特定の政党の影響を受けることによって、行政庁の判断が特定の考え方に偏ってしまいます。ですから、政治的に中立であることが必要な問題では、独任制をとることは避けたほうが無難です。このように、1人で意思決定することに向かない分野については、専門知識をもつメンバーや政治的中立性が保てるメンバーが集まって意思決定をする**合議制**をとるべきだということになります。③

③ 合議とは、2人以上の人が集まって相談することをいいます。

2-2 ●

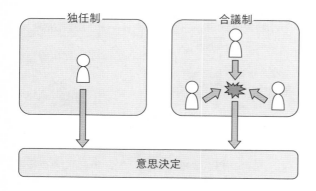

(4) どの行政機関が実行するの？

（1）法律で仕事の分担が決まってる！

法律による行政の原理については、第3章 行政の基本原理1(1)で詳しく学習します。

行政機関は、法律による行政の原理によって、何ができるかがあらかじめ法律で定められています。別の見方をすれば、法律で許されていないかぎり、自分の仕事は自分でしなければならず、他人に行わせることはできません。

では、法律は、行政機関が自分の仕事を他人に行わせる方法としてどのような方法を認めているのでしょうか。

（2）他人に行わせる3つの方法

法律で決められている仕事を他の行政機関にやってもらう方法には、**権限の委任、権限の代理、代決・専決**があります。

まず、権限の委任とは、ある行政機関の権限の一部を、別の行政機関に移動させて行使させることをいいます。権限の代理や代決・専決では、権限自体は元の行政機関に残るのに対し、権限を委任した場合、もともと権限をもっていた行政機関はその権限を失います。

また、権限の委任は、法律で定められた権限の一部を他に移すことなので、権限の委任をするためには、それを許す法律が定められていなければなりません。

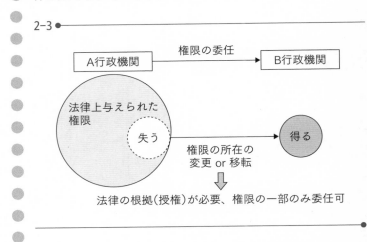

2-3

次に、権限の代理とは、ある行政機関の権限を、他の行政

機関が代わりに行使することをいいます。あくまでも代わりに行うだけなので、対外的には、元の行政機関自身が権限を行使したことになります。

　最後に、代決・専決とは、ある行政機関の権限の行使について、その補助機関が最終的な判断を行うことをいいます。最終的な判断は補助機関が行っているものの、その意思の表示は元の行政機関の名前で行われ、元の行政機関がその権限を行使したことになります。

　代決・専決は、たとえば、ある県庁で甲案件についてX知事から最終決定をするように命じられたY課長が、X知事名義のハンコを文書に押して、甲案件を解決するというようなかたちで、広く用いられています。

2 内閣総理大臣だけじゃ国は動かない！ キスデ
―国の行政のしくみ―

(1) まずは、内閣の構造を知ろう！

　行政組織のトップが**内閣**です。内閣は、**内閣総理大臣と国務大臣**のメンバーで組織される合議体です。④ 内閣総理大臣とはいわゆる首相のことで、国務大臣とは、財務大臣や法務大臣などの各省の大臣のことです。内閣については、次に説明する内閣府や各省庁と違って、憲法が設置を定めています。

　内閣を束ねる内閣総理大臣が、行政組織の最高機関です。

④ 合議体とは、複数の構成員の話合いによってその意思を決定する組織のことをいいます。

(2) 内閣を支えるサポート部隊
(1) 内閣と他の行政組織とを調整する内閣府

　内閣府は、内閣の重要な政策に関する内閣の事務を助けるために、政府関係機関の間の連絡調整にあたります。内閣総

国家行政組織法第1条
目的
この法律は、内閣の統轄
の下における行政機関で
内閣府及びデジタル庁以
外のもの（以下「国の行
政機関」という。）の組織
の基準を定め、もつて国
の行政事務の能率的な遂
行のために必要な国家行
政組織を整えることを目
的とする。

国家行政組織法第3条
行政機関の設置、廃止、
任務及び所掌事務
1　国の行政機関の組織
は、この法律でこれを定
めるものとする。
2　行政組織のため置か
れる国の行政機関は、省、
委員会及び庁とし、その
設置及び廃止は、別に法
律の定めるところによ
る。
3　省は、内閣の統轄の
下に……行政事務をつか
さどる機関として置かれ
るものとし、委員会及び
庁は、省に、その外局と
して置かれるものとする。
4　第2項の国の行政機
関として置かれるもの
は、別表第1にこれを掲
げる。

地方自治については、
ファーストトラック憲法
第25章　地方自治を見よ
う！

理大臣が、内閣府の大臣となります。内閣府は、ほかの省庁とは異なり、**内閣府設置法**によって設置が定められています。ですので、ほかの省庁について定めている国家行政組織法には、内閣に関する規定はおかれていません。

（2）専門的事務を処理する各省庁

　内閣の下には、専門的事務を処理する外務省などの各省があります。

　各省の下には、各省に帰属するものの各省から独立して仕事をする**外局**という行政組織があります。外局には、膨大な量のある仕事を分担したり本省内で扱うのは避けるべき仕事をしたりするために、庁があります。また、外局には、政治的中立性が求められる分野や専門科学的な検討が必要な分野において各界のエキスパートが集められる**委員会**もあります。庁の長官は、帰属する省の大臣の指揮監督を受けますが、委員会は、省からは独立して仕事をすることがある程度認められているので、権限の行使について帰属する省の大臣からの指揮に従う必要はありません。各省だけでなく内閣府にも、公正取引委員会や金融庁といった外局があります。

　省、庁および委員会については、内閣府と違って**国家行政組織法**によって設置が定められています。

3 地方のことは地方にお任せ！
―地方公共団体の行政のしくみ―

(1)　私たちに一番身近な行政組織

　地方公共団体は、地方自治の担い手として憲法で設置が定められています。地方公共団体には、普通地方公共団体と特別地方公共団体の2つがあります。

　普通地方公共団体は、憲法で自治権が認められている都道府県と市町村のことです。

　特別地方公共団体は、一定の範囲の事務を行うために、普

外局一覧

省・府	委員会	庁
総務省	公害等調整委員会	消防庁
法務省	公安審査委員会	出入国在留管理庁 公安調査庁
外務省		
財務省		国税庁
文部科学省		スポーツ庁 文化庁
厚生労働省	中央労働委員会	
農林水産省		林野庁 水産庁
経済産業省		資源エネルギー庁 特許庁 中小企業庁
国土交通省	運輸安全委員会	観光庁 気象庁 海上保安庁
環境省	原子力規制委員会	
防衛省		防衛装備庁
内閣府	国家公安委員会 公正取引委員会 個人情報保護委員会 カジノ管理委員会	宮内庁 金融庁 消費者庁 子ども家庭庁
		デジタル庁
		復興庁

8 行組法別表第1に掲げられています。

9 内閣府設置法48条1項、64条に掲げられています。

10 デジタル庁設置法に掲げられています。

11 復興庁設置法に掲げられています。

通地方公共団体とは別に必要となった地方公共団体です。たとえば、特別区の東京23区が有名ですが、渋谷区や新宿区は、区ではあっても市町村と同じように独立して行政を行い、市町村に長がいるように区長がいます。なお、政令指定都市にある区（横浜市中区や大阪市阿倍野区など）は、特別区ではありません。

(2)　地方公共団体を支えるサポート部隊

　地方公共団体のなかには、地方議会、長、委員会・委員という行政機関があります。

　地方議会は、条例をつくったり、予算を決定したりするな

どの行政に関わる多くの事項を決めます。

　長は、地方公共団体の事務について各行政機関を指揮する事務の責任者です。

　委員会・委員は、長の下に所属していますが、政治的に中立性が必要な事務について、長から独立して処理します。

(3)　地方は国とは一味違う?!

(1) 知事を選ぶのは私たちです！

　地方公共団体の特徴は、地方公共団体のトップである長を**住民が直接選べる**ことです。これに対して、国民は、国のトップである内閣総理大臣を直接は選べません。内閣総理大臣を選ぶのは国会です。そして、内閣総理大臣は、自分を選んでくれた国会に対して責任を負います。このような制度を**議院内閣制**といいます。これに対して、地方公共団体では、行政のトップである長と地方議会議員の両方を住民が直接選びます。長は、自分を選んでくれた住民に対して直接責任を負います。このような制度を**首長制**といいます。

(2) 知事 vs 議会、互角の戦い

　地方公共団体の長と地方議会も政策について対立することがあります。そこで、地方自治法は、議会が長の不信任決議をして長を辞めさせるというしくみを設けています。一方、不信任決議に納得がいかない場合には、長は議会を解散させて、新しい議員を住民に選んでもらうことができます。長と地方議会とで政策が対立して行政が停滞してしまった場合、長が不信任決議で辞めるか、議会解散で長に賛成する新しい議員が選ばれることで、行政の停滞を解消させるのです。

> プラスα文献

試験対策講座2章3節

議院内閣制については、ファーストトラック憲法第18章 行政権と内閣4を見よう！

1	行政庁 A が法令上有する権限を行政機関 B が代理した場合、<u>対外的には B が当該権限を行使したことになる</u>。 （法検上級 H23 年）	× 1【4】(2)
2	権限の委任を受けた受任者は、民法上の委任とは異なり、代理権の付与を伴わないため、当該権限の行使を<u>委任者の名</u>で行う。 （特別区 H22 年）	× 1【4】(2)
3	専決とは、権限ある行政庁が自ら決定するのではなく、その補助機関が、権限ある行政庁の名において決定するという事務処理方式である。 （法検上級 H25 年）	○ 1【4】(2)
4	国家行政組織法は、<u>内閣府を含む内閣の統轄</u>のもとにおける行政機関の組織の基準を定める法律である。 （行書 H21-26）	× 2【2】(1)
5	省には外局として、委員会および庁がおかれるが、内閣府にはそのような<u>外局はおかれない</u>。 （行書 H21-26）	× 2【2】(2)
6	地方公共団体の長は、住民によって直接選挙されており、議会による不信任議決など、<u>議会に対して責任を負うことはない</u>。 （法検上級 H25 年）	× 3【3】(2)
7	普通地方公共団体の議会において、長の不信任の議決がなされた場合には、長は議会を解散することができる。 （行書 H24-23）	○ 3【3】(2)

行政の基本原理——行政こそルールを守れ！

キ……ここは基本！
ステ……君ならできる！
：……できたらスゴイ！

1 総理大臣も法律がないと動けない
—法律による行政の原理—

(1) 放っておくと暴れだす行政

法律による行政の原理とは、行政機関の活動は、国民の代表機関である国会でつくられた法律に従って行われなければならないというルールをいいます。

> 命令とは、行政庁が特定の者に対して一定の作為または不作為の義務を課すことをいいます。

なぜ、行政機関は法律に従って活動しなければならないのでしょうか。それは、行政という権力機関は、法律で事前にできることを決めておかないと、そのうち行政に都合のいいように活動しだして国民を苦しめることになるからです。そのため、法律によって行政を縛っておく必要があります。

このように、法律による行政の原理は、国民の自由を守る役割を果たしています。

(2) 法律による行政の3原則

(1) 法律違反は絶対に許されない！—法律優位の原則—

法律優位の原則とは、行政活動は法律に違反して行われてはならないという原則です。行政庁は、国民に対して法律に違反する命令や行政指導をすることはできず、行政組織の内部でも、法律に違反する通達や職務命令をだすことは許されません。

> 行政指導とは、行政機関が、ある行政目的を実現するために特定の者に何かをしたり、あるいはしないように求める指導、勧告、助言などのことをいいます（行手法2条6号参照）。
>
> 行政指導については、第7章 非権力的な行為形式3で詳しく学習します。

また、法律に違反しなくとも、法律よりも上のルールであ

る憲法に違反する命令、行政指導、通達、職務命令をだすことはできません。

　たとえば、合理的な理由がないのに女性だけが不利益を受ける命令をだすなど、憲法の平等原則に違反する行政行為は許されません。

（2）法律の根拠がなければ活動してはダメ！
―法律留保の原則―

（a）その行政活動はどの法律に書いてあるの？

　法律留保の原則とは、行政活動をするためには、その活動を行うことを認める法律上の根拠を必要とする原則です。つまり、行政活動には市民の自由を制約する力がありますが、こうした力は自由に使えるものではなく、法律に書かれている場合に、法律に従った方法で使えるにすぎません。

　しかし、一口に行政活動といっても、違法な建築物の所有者にそれを壊すように命令するなどの市民の権利・自由を奪う活動から、貴重な文化財を守るために補助金を与えるなどの国民に利益を与える活動まで種類がたくさんあります。そのため、どのような行政活動に法律の根拠が必要なのかが問題とされてきました。

（b）国民の自由を守る原則からすると……？

　法律の根拠が必要な範囲について、一般的には、国民の権利・自由を行政が権力的に侵害する行政活動についてのみ法律の根拠が必要とする侵害留保説が採られています。権力的に侵害するというのは、行政が国民に対して、有無を言わさずに一方的に国民の権利自由を侵害することです。

　たとえば、警察に逮捕された場合、家に帰りたいと思っても帰ることができません。この場合、行政が、逮捕によって有無を言わさずに一方的に国民の移動の自由を奪っているといえます。そのため、侵害留保説だと、逮捕は法律に定められていないとできないことになります。

③　通達とは、行政庁の上級機関が下級機関の活動について書面でだす命令のことをいいます。

通達については、第4章行政による規範定立3 **(イ)** で詳しく学習します。

④　職務命令とは、上司が部下の公務員に対してその職務を指揮するために発する命令のことをいいます。

（3）国民の自由を縛れるのは国会だけ！
―法律の法規創造力の原則―

　国民の権利義務を定めるルールのことを法規といいます。**法律の法規創造力の原則**とは、法規は法律という方法によってのみつくることができ、その法律をつくることができるのは立法権をもつ国会だけであるとする考え方です。行政権しかもたない政府や地方公共団体は、政府や地方公共団体が法規をつくってもよいと法律で定められていないかぎり、国民の権利義務を定めるルールをつくることはできないのです。

2 相手の信頼を裏切ってはダメ！
―信義則―

（1）　信義則のご利用は慎重に！

　法律による行政の原理により国民を法律どおりに公平に取り扱うことを貫くと、時には国民にとって納得できない結果となる場合があります。それは、法律による行政の原理に従った行政庁の取扱いが信義則違反になる場合です。

　信義則とは、権利を行使するときや義務を守るときは、相手の信頼を裏切らない誠実な行動をとらなければならないというルールです。社会生活は、人々がお互いに信頼し合い、誠実な行動をとることで成り立つものです。ですから、法律を適用するときにも信頼が重視されるのです。法律に従っていても信頼を裏切るような行為は違法になるので、行政庁の取扱いについて信義則違反が認められれば、行政から裏切られたその人は救われます。しかし、今度は、救われた人以外の人には、なぜその人だけ特別扱いするのかという不満がでてきてしまいます。そのため、信義則違反を認めることには慎重である必要があります。

　それでは、信義則違反を理由に法律による行政の原理を修正できるかが問題となった具体例をみてみましょう。

> **信義則違反**とは、権利を行使するときや義務を実行するときに、相手の信頼を裏切るような不誠実な行為をしたことをいいます。

(2) 公平 vs 信頼保護—租税法と信義則—

Case 1

5年間も見過ごされた！しかし……

20XX年5月24日、私は横浜の友人宅にいた。友人A男は個人で魚屋を経営している個人事業主である。A男から、是非記事にしてほしい事件があるという電話があったのだ。

A男は、5年前に父の魚屋を相続してから、A男名義で毎年青色申告をしていた。青色申告について説明すると、個人事業主は所得税を支払う場合、白色申告と青色申告のどちらかで申告できる。青色申告は白色申告よりも用意する書類が詳細な分、さまざまな特典が認められるため、白色申告よりも税金の支払が少なくて済むのだ。ただし、青色申告をするためには税務署長の承認が必要である。

A男は、税務署長の承認を受けていなかった。しかし、税務署は5年前から税務署長の承認のないA男名義の青色申告を受領し続けてきた。ところが、税務署が今になって、5年間受け取ってきたA男名義の青色申告は税務署長の承認のない違法な申告だと言ってきた。そして、足りない分の税金と加算税を支払えと通告してきたのだった。

A男からすれば、税務署が5年間も未承認の青色申告を受け取り続けてきたのだから、自分の青色申告は適法に申告できていると思うのもわかる。しかし、A男は父の魚屋を相続する前から父の手伝いで経理をして税金の計算もしていたので、税金に関して素人ではないはずだ。

はたして、A男は足りなかった税金と加算税を払わなければならないのだろうか。　　　　　　　法治新聞記者　政行

⑥　個人事業主とは、会社を設立しないで、個人で商売をしている人のことをいいます。

⑦　所得とは、個人の給料収入や事業利益などの収入から必要経費を差し引いた利益をいいます。所得税とは、所得に対して、国が課す税金をいいます。

加算税については、第8章　行政上の強制措置3(3)（2）で詳しく学習します。

Answer 1 A男は足りなかった税金と加算税を払わなければなりません。

（1）税金はやっぱり特別

税金は国が国民から強制的に集めるお金です。そして、税金は公平に集めなければなりません。ですから、行政機関が法律というルールに従わずその場その場の対応で税額を減らしたり免除したりするような、不公平な課税処分をすることは許されません。行政機関は、法律で定められた税金を必ず国民に払わせなければならないのです。つまり、税金の集金は、法律による行政の原理が特に厳しく徹底される分野といえます。

課税処分とは、国民1人ひとりの払う税金の額を決めることをいいます。

（2）信義則違反が勝つ場合があるの？

普通、税務署が青色申告を受け取れば、適法に申告できたと思うでしょう。それにもかかわらず、後から「違法だった、足りない分の税金を払え」と言うことは、その納税者の行政に対する信頼を大きく損ないます。そのため、判例は、課税処分（少なかった分の支払や加算税）が法律に従って行われた場合であっても、信義則違反による違法を理由にして、その課税処分を取り消すことができる場合があることを認めました。とはいえ、税金は公平に集められなければいけません。そこで、納税者間の公平を犠牲にしてまで納税者を保護する必要がある場合でなければ、信義則違反は認められないとしました。

租税法律主義と信義則の適用

この特別な事情があるかどうかは、①**納税者が税務署の公的見解を信頼したことで違法な申告をしてしまったのか**、②**納税者が税務署を信頼したことについて、納税者に落ち度がなかったか**、の2つを考慮しなければならないとしています。

（3）**Case 1**で考えてみよう！

税務署は、承認のない違法な青色申告を5年間も受け取り続けていたので、A男には、承認がない青色申告であっても適法に提出できるという信頼が生まれたといえます。しかし、

①税務署は提出されたA男の青色申告を受け取っただけで、提出されたA男の青色申告が適法であるという公的見解をA男に対して伝えたわけではありません。さらに、②A男は、A男名義で青色申告をだす前から父の税金の支払を手伝っているので、税務署長の承認のない青色申告が違法であることには簡単に気づけたはずです。そのため、A男は税務署の公的見解を信頼したわけでもなく、承認を得ないまま青色申告をし続けたのですからA男の落ち度は小さくはありません。

　ですので、税務署のA男に対する課税処分は信義則違反とならず、A男は足りなかった分の税金と加算税を支払わなければならないこととなります。

(3)　市長が交代すると政策が大転換！―政策変更と信義則―

Case 2

工場建設中止！α市の裏切り？！

20XX年6月10日、私は愛媛県α市に取材に来た。α市では、2年前に工場建設賛成派のB市長が、議会の議決を得て、C製紙会社に対しα市南西部を流れる川のほとりに工場を建設してくれるよう頼んだ結果、その場所に製紙工場が建設されることとなっていた。

しかし、今年の2月に状況が一変した。工場建設反対派のD氏が、賛成派の現職B市長を破って当選したのだ。D氏の当選後も、製紙工場を建設することには、何の問題もなかった。しかし、当選後、D市長は建設に必要な手続をいっさいせず、工場建設の建築確認申請に同意しないことをC社に通知した。そのため、C社は工場建設を諦めるしかなくなった。しかも、α市はC社に何の補償もしないという。

⑩　申請とは、法令上、個人が行政庁に対して許可等を求め、行政庁が承諾するか拒否するか応答する必要があるものをいいます。

その結果、C社が2年の間に工場を建設するために、建設予定地の住民から土地を買うため等に使った5億円が水の泡となってしまった。そこで、C社は6月1日、α市に裏切られたことを理由に、今まで建設準備のために払った5億円の損害賠償を請求したのだ。

しかし、市の計画が選挙を受けて変更となるのは、民意を反映する民主主義の観点から当然許されるはずだ。はたして、工場建設が賛成から反対になったからといって、α市はC社に損害賠償をしなければならないのだろうか。

法治新聞記者　政行

Answer 2　α市は、C社に損害を賠償しなければなりません。

（1）住民意思の反映にはお金がかかります！

　α市のように選挙によって計画が変更されることは、住民の意思を行政に反映させることにあたるので、国民自身で政治を行っていくという民主主義の観点から当然に認められます。しかし、だからといって地方公共団体が自分たちで決めた計画に企業を誘って、企業に資金や労力を使わせておきながら、補償をせずに追いだすことを常に認めては、地方公共団体を信頼した企業があまりにもかわいそうです。そこで、信義則によって企業を助けられないかどうか、どのような場合に信義則違反を認めるのかどうかが問題となります。

（2）誘ったことには責任をもとう！

　結局は、行政機関に対する企業の信頼と住民の意思の反映のバランスをどこでとるのかということです。判例は、信義則が適用される場合について、次のように判断しました。まず、地方公共団体が単に製紙工場を市内に造ってもらうといった継続的な計画を立てるだけでなく、計画実現のために①特定の者に対して特定の活動をするように個別的、具体的な勧誘をしたことが必要である、としました。これに加えて、

地方公共団体については、第2章 行政のしくみ3(イ)を見よう！

施策の変更と信頼保護 ⑪

②勧誘に応じた者が、すぐに利益を得られるわけではなく、計画が相当な期間継続することで投入した資金や労力に見合う利益を得られる場合であることが必要である、としました。これらの要件がみたされて、はじめて企業に信義則を適用することができるとしました。

そして、信義則が適用される場合、補償をしないことは、③やむをえない客観的事情がないかぎり許されない、としました。

（3） Case 2 で考えてみよう！

①α市の前市長であるBは、C社という特定の企業に対して、α市南西部の川のほとりにC社の工場を建ててほしいという個別的かつ具体的な勧誘をしています。そして、②製紙工場が、建設地の取得、建設予定地の整理や工場建設のための借金を返済して利益をあげるまでには何年もかかります。さらに、③Dが市長に当選後も、しようと思えば工場建設はできる状況でした。

ですから、信義則違反が認められ、α市はDが市長に当選したことで工場の建設が中止されたことについて、C社に対して、C社が工場建設の準備のために支出した5億円の損害を賠償しなければなりません。

▎プラスα文献

試験対策講座 3章2節
判例シリーズ 3事件、4事件、5事件

1	「法律の優位」とは、行政活動は、行政活動を制約する法律の定めに違反してはならないという原則である。　　　　　　（特別区 H21 年改題）	○ 1【2】(1)
2	「法律の留保」とは、<u>新たな法規の定立は、議会の制定する法律又はその授権に基づく命令の形式においてのみなされうる</u>という原則である。　　　　　　　　　　　　　　　　　　　　（特別区 H21 年）	× 1【2】(2)
3	「法律の法規創造力」とは、<u>行政活動には必ず法律の授権が必要であるとする原則である。</u>　　　　　　　　　　　　（特別区 H21 年）	× 1【2】(3)
4	課税処分において信義則の法理の適用により当該課税処分が違法なものとして取り消されるのは、租税法規の適用における納税者間の平等、公平という要請を犠牲にしてもなお、当該課税処分に係る課税を免れしめて納税者の信頼を保護しなければ正義に反するといえるような特別の事情が存する場合に限られる。 （行書 H24-8）	○ 2【2】(2)
5	地方公共団体が、将来にわたって継続すべき一定内容の施策を決定した後に、社会情勢の変動等が生じたとしても、決定された施策に応じた特定の者の信頼を保護すべき特段の事情がある場合には、当該地方公共団体は、信義衡平の原則により<u>一度なされた当該決定を変更できない。</u>　　　　　　　　　　　　　　　　　（行書 H24-8）	× 2【3】

第4章

行政による規範定立
——えっ、国会だけがルールをつくるんじゃなかったの?!

1 内閣や自治体がつくるルール
—行政立法—

キ……ここは基本!
スデ…君ならできる!
…できたらスゴイ!

(1) 国会だけに任せておけない!

　行政立法とは、行政が行政活動を規律するためにつくるルールのことです。

　日本国憲法のもとでは、法律をつくる役割は国会のみに与えられ、行政は法律に従って活動する役割を与えられているにすぎないというのが原則であるはずでした（権力分立）。また、法律による行政の原理のもとでは、行政機関の活動は、国民の代表機関である国会でつくられた法律に従って行われなければならないはずでした。

　しかし、現在、行政機関は、たとえば違法な建築物を壊すように命令することから、貴重な文化財を保護することまで、日々、広い活動を行っています。その結果、行政が素早くかつ的確に活動するためのルールを国会がすべて用意することはもはや不可能です。そこで、法律はおおまかな内容を定めるにとどめ、細かいルールは行政機関につくらせることが必要になってきたのです。

権力分立については、ファーストトラック憲法第14章 権力分立1を見よう!
法律による行政の原理については、第3章 行政の基本原理1(1)を見よう!

(2) 行政規則には市民の権利を奪うものもあるの?
—行政立法の分類—

　行政立法には、政令や省令、訓令、通達などがあり、バリエーション豊かです。これらは、大きく法規命令と行政規則とに分かれます。

　法規命令とは、私たち市民や裁判所も従わなければならな

い決まりです。これは国民の代表である国会ではなく、行政
機関がつくるルールにすぎないのに、法律のように、私たち
市民の権利を制約したり義務を課したりするので、無闇につ
くれないことになっています。

　これに対して**行政規則**とは、行政機関で働く人々が仕事上
守らなければならない決まりです。こちらは、建前上、市民
の権利義務に直接関係しないものとされています。そのため、
行政規則は比較的簡単につくることが許されます。

4-1 ●

■行政立法の種類

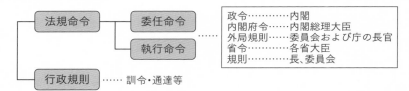

2 扱いは慎重に！―法規命令―

(1) 権利義務の内容なの？手続なの？
―法規命令の分類―

　法規命令は、委任命令と執行命令の2つに分類できます。

（1）法が「いいよ」と言ったから……―委任命令―

　委任命令とは、市民の権利・義務に関わる内容ではあるも
のの、後に説明する委任命令の限界を超えないかぎり、行政
が定めることができる命令のことをいいます。たとえば、後
の **Case 1** で取り上げる国家公務員法 102 条 1 項・人事院規
則 14-7 が有名です。

　委任命令は、法律による行政の原理だけでなく、憲法の特
別の定めがある場合を除いて、国会だけが法律をつくること
ができるという国会中心立法の原則 (憲法 41 条) にも違反す

国会中心立法の原則について
は、ファーストトラッ
ク憲法第 15 章 国会の地位
4**(2)**（1）を見よう！

るおそれがあり、十分な注意が必要です。

（2）手続だけならご自由にどうぞ―執行命令―

　一方、**執行命令**は、市民の権利義務の内容自体ではなく、その内容の実現のための手続に関する事柄について、行政が定めることができる命令のことをいいます。たとえば、パスポート発行には写真サイズ・戸籍謄本発行期限など細かなルールがありますが、これは、外務省が国会を通さずに決めた執行命令です。そして、このルールを守った人しか出国できないのですから、なんらかのかたちで国民の出国の自由が制限されています。

　そうすると、パスポートのルールについて外務省が決めることは、国会のつくった法律によらずに国民の自由を制限することになり、許されないようにも思えますが、次のような理由から許されるとされています。

　出国の自由を制限しているのは旅券法という国会のつくった法律であって、執行命令であるパスポートのルールの部分はその法律のもとで細かいルールを定めているにすぎません。ですから、国会のつくった法律によらずに国民の自由を制限していることにはならないのです。

4-2

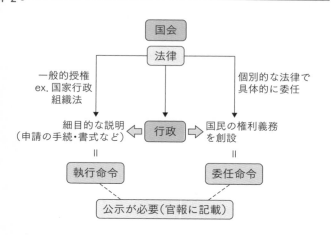

(2) 委任する側、される側

（1） まずは、委任する側に着目！

Case 1

人事院の組合弾圧を許すな！

20XX 年 7 月 25 日、鹿児島県 α 市法務局で働いている国家公務員 A 男が国家公務員法 102 条 1 項違反で逮捕されたと聞き、私は α 市へやって来た。取材した同僚職員によると、A 男は全法務省労働組合の支部長であり、今年春の参議院選挙期間中に、選挙カーで組合の推薦候補者を応援し、県警から目をつけられたらしい。

帰りの飛行機で国家公務員法を読んでみたが、102 条 1 項には「職員は、（略）人事院規則で定める政治的行為をしてはならない」とあるのみだ。これでは、処罰対象になる「政治的行為」が具体的に何かは、人事院の役人の判断で決めることができてしまうのではないだろうか。

このような国家公務員法の条文は、憲法に違反しないのだろうか。　　　　　　　　　　　　　　法治新聞記者　政行

Answer 1 国家公務員法 102 条 1 項は憲法に違反しません。

① **（a） 勘弁してよ、雑な指示—白紙委任—**

憲法 41 条は、国会でしか法律をつくることができないと定めています（国会中心立法の原則）。ですから、委任命令を国会がつくる際に、あまりに漠然とした内容にする（白紙委任①）ことは、憲法 41 条に違反し、違憲・無効です。たとえば、「法務省令で定める悪いことをした者は○○刑に処する」というルールをつくったとします。しかし、「悪いこと」は、人を殺すことから 20 歳未満の人がタバコを吸うことまで、さまざまな事柄が考えられます。法務省令でその具体的な内容を定

ここでの白紙委任という言葉は、みなさんが普段使っている一般用語としてのそれとまったく同じ意味だと考えてください。特に、法律がどういう場合に適用され、その結果どうなるのか、という細かな内容について国会が自分で決めずに、行政機関に丸投げしてしまう状態を表すために使っています。

めるとすると、実質的には国会でなく、行政が法律の内容を決めることになってしまいます。

では、どこまでの漠然さならば許されるのでしょうか。

これについて判例は、かなり漠然としているようにみえる委任の方法であっても、憲法に違反するものではないと判断してきました。**Case 1**の国家公務員法の例でも、法律のしくみから国会の意図をくみとれば、法律はあらゆる「政治的行為」のうち、偏りのない行政を実現できなくなるおそれがあるような政治的行為だけを規制しているという解釈が成り立ちます。人事院はこのような国会の意図に従ってルールをつくらなければなりません。ですから、まったくの白紙委任ではなく、憲法には違反しません。

(b) 法律→政令→省令―再委任の可否―

再委任とは、本来国会が法律で定めるべき事項について、どのような事項を定めるかの決定を、法律が内閣の定める政令に任せ（委任）、その政令が更に各省の定める省令に任せることをいいます（再委任）。再委任するということは、国民の代表である国会以外の機関がルールをつくることに違いはありません。

政令は、慣行上、閣議に出席した各大臣が全員一致しないと決定しないとされているため、政令をつくることは大変です。それに対して、省令は、各省の大臣が単独で制定することができるとされているので、政令と比べれば省令をつくることは簡単です。

つまり、再委任は、普通の委任立法と比べて、手続が慎重だとはいえないため、そう簡単に許してはいけないのではないかという疑問がでてきます。

これについては、重大とはいえない事項について、法律を解釈した結果、再委任を禁止していないといえる場合には、再委任は適法であるとする考え方が有力です。

②　猿仏事件

（2）次に、委任された側に着目！―委任命令の限界―

Case 2

文部科学省のあきれた美術政策?!

20XX 年 8 月 19 日、東京都内の美術愛好家の B 子が東京都教育委員会（都教委）を訴えると聞き、取材に来た。B 子は、スペイン旅行で購入したサーベルを、都教委に銃刀法上の登録申請をしたら拒否処分をされたため、その取消しを求めたいという。そのサーベルは、19 世紀につくられた由緒ある代物で、保存状態もよく見た目にも美しい一級品だ。

たしかに刀剣の規制は大事だが、銃刀法には「美術的に価値ある刀剣類」は登録を受けて個人で保管できるとある。この規定を都教委担当者に突きつけたところ、意外な答えが返ってきた。なんでも文部科学省令によれば、登録できるのは日本刀だけで、外国の刀剣は登録できない決まりだというのだ。

銃刀法が刀や銃の所持を認めているのは、それらに文化財としての価値がありうるからららしい。そうすると、日本ではサーベルよりは日本刀のほうが厚く保護されるというのもわからないではない。しかし、銃刀法のどこを見ても、日本刀にかぎるなどという言葉は存在しない。これでは、文部科学省の役人が法律の委任をいいことに勝手に規制しているように思える。

このような省令は、法律で任された範囲を超えるもので、無効ではないだろうか。　　　　　　　法治新聞記者　政行

③ 銃刀法の正式な名称は、「銃砲刀剣類所持等取締法」です。

Answer 2　問題となる文部科学省令は、法律で任された範囲を超えるものではないため、有効です。

　法律が行政府にルールづくりを任せている場合でも、その

任された範囲を超えて行政府が委任命令をつくることは、**法律優位の原則**に違反します。ですから、こうした命令は違法・無効となります。では、どのような場合に任された範囲を超えたことになるのでしょうか。

法律優位の原則については、第3章 行政の基本原理1（2）（1）を見よう！

　これについては、行政府にルールづくりを任せた法律の趣旨・目的を主に考慮して判断することになります。

　Case 2 についてみてみましょう。法が刀剣類の所持を認めたのは、日本刀が日本の歴史上、美術品として大切にされてきたからです。ですから、その法律の委任を受けた規則で登録対象を日本刀に限定することは、法律の趣旨に合っていて、委任の範囲を超えるものではないのです（判例）。
④

④　サーベル事件

4-3

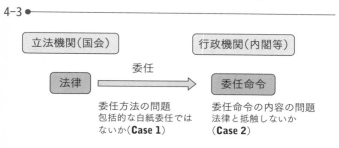

立法機関（国会）	行政機関（内閣等）

法律 ──委任──→ 委任命令

委任方法の問題
包括的な白紙委任ではないか（**Case 1**）

委任命令の内容の問題
法律と抵触しないか
（**Case 2**）

3 役人が勝手につくれる行政規則

(1) 通達で意思統一します！

　代表的な行政規則のひとつに**通達**があります。通達は、上級機関が下級機関の活動に関して書面でだす命令です。通達の目的は、法律の解釈を統一させることです。法律をどのように解釈するかによって、行政サービスの内容や制限される自由が変わります。ですから、解釈を1つに決めることで、同じ法律に基づいて受けられる行政サービスの内容や制約される市民の自由の内容・程度が、住んでいる自治体ごとにバラバラにならないようにしているのです。

Case 3

暴走国税庁、独断課税の恐怖！

20XX 年 9 月 8 日、私は、パチンコ台メーカー団体 C が D 税務署長を相手に訴訟を起こすと聞いて、大阪府 α 市に取材に来た。担当者の話では、ぜい沢品に特別の税金を課す物品税法の課税対象が、今年の春から、法改正のないままパチンコ台に拡張されたため、課税処分を受けたメーカーとしては納得がいかず、課税の取消しを求めたいという。

物品税法を調べてみると、課税の対象には「遊戯具」とある。パチンコ台はこの「遊戯具」には含まないとされ、これまで課税されることはなかった。しかし、パチンコ台の生産が増えて重要性が高まってきたことから、2 か月前、国税庁は突如、新しく通達をだし、「パチンコ台も遊戯具にあたる」として課税対象を広げたのだ。

しかし、法律を変えずに通達だけで税金をかけるやり方は、租税法律主義に背くので、違憲・無効ではないのだろうか。　　　　　　　　　　　　　　　法治新聞記者　政行

Answer 3　パチンコ台が「遊戯具」にあたるのであれば、このような通達による課税の仕方は合憲・有効です。

(2)　通達で権利が制限？―通達による課税―

　通達は行政規則ですから、私たち市民一般には直接関係することはないはずです。

　ところが、**Case 3** で示したように、実際には、通達をだして行政が法律の解釈を変更することによって、新たに税金を課されるなど、私たち市民の権利が新たに制約されたり、義

務を課されたりすることは起こりえます。こうなると、課税される側としては法律ではなく通達という行政機関の判断によって納税義務を負わされた感じがして、法律による行政の原理や、租税法律主義に違反するのではないかという問題意識をもつかもしれません。

しかし、判例は、新しい通達の内容が法律の正しい解釈の内容に合致するものであれば法律に基づくものだと考えてよく、法律による行政の原理に違反するものではないとしています。

租税法律主義については、ファーストトラック憲法第24章 財政1**2**を見よう！

5　パチンコ球遊器事件

(3) Case 3 で考えてみよう！

パチンコ台が本当に「遊戯具」にあたるならば、新しい通達は、法律の正しい解釈の内容に合うものであり、これまで課税が漏れていたところを修正しただけといえます。ですから、その場合には、国税庁の通達による課税の仕方は合憲・有効です。

ちなみに、この Case は古い判例を元にしたもので、現在は、物品税法が廃止され、ぜい沢品だけでなくすべての商品に課税する消費税制度に変わっています。

プラスα文献
試験対策講座 4 章 1 節
判例シリーズ 11 事件、12 事件

1	国家公務員法に基づき一般職の国家公務員の政治的行為の制限を定めた人事院規則は、一般職の国家公務員の職責に照らして必要と認められる政治的行為の制限を規定したものであり、当該規則には同法の規定によって委任された範囲を逸脱した点は認められないとするのが判例である。 (国ⅠH21年)	◯ 2【2】(1) (a)
2	政令と府省令は制定する機関が異なるものであるため、法律において、政令という形式で定めると委任している場合には、<u>府省令への再委任を禁じている趣旨であり、基本的委任事項、軽微な事項であるとを問わず、いかなる場合であっても政令で定めなければならず、府省令に再委任することは許されない</u>と一般に解されている。 (国ⅠH21年)	✕ 2【2】(1) (b)
3	通達は、原則として、法規の性質をもつものではなく、上級行政機関が関係下級行政機関及び職員に対してその職務権限の行使を指揮し、職務に関して命令するために発するものであり、このような通達は関係下級行政機関及び職員に対する行政組織内部における命令にすぎないから、これらのものがその通達に拘束されることはあっても、一般の国民は直接これに拘束されるものではない。 (国ⅠH20年改題)	◯ 3
4	パチンコ球遊器について、旧物品法の課税対象である「遊戯具」にあたる旨の通達を契機として、長年の非課税扱いを改め、課税処分がされても、この通達の内容が法の正しい解釈に合致するものである以上、当該課税処分は法の根拠に基づく処分であるとするのが判例である。 (国ⅠH20年)	◯ 3

行政行為——断りたくても断れない関係

1 お上のやることは一味違う！
——行政行為——

(イ) 行政だからできること

Case 1

ここはうちの土地だ！

20XX 年 10 月 3 日、私は埼玉県 α 町に取材に来ている。昨日、友人の A 子から電話があったのだ。なんでも、埼玉県から A 子の土地を買いたいと申し出があったそうだ。A 子の住む町を通る鉄道が近々整備されるといううわさがあったが、ついに始まったのだな。A 子は売りたくはないようだが、同僚の記者からの情報によると、最短距離で鉄道を走らせるためには A 子の土地を通らなければならないようだから、埼玉県としてはなんとしてでも A 子の土地がほしいだろう。

A 子が断固拒否したとしても、埼玉県は土地を手にいれることができるのだろうか。　　　法治新聞記者　政行

Answer 1 　埼玉県は、A 子の土地を手にいれることができます。

（1）私たちの了承がいらないの？

　行政機関は、事務に必要なコピー用紙を購入することから、違法な建築物を壊すよう命令することまで、さまざまな活動を行っています。このなかでも、国民に対して行う行政の行

公権力とは、国や地方
公共団体が国民や市民
に優越的な地位を行使
する権力のことをいい
ます。

❶為であって、公権力としての性格をもつものを行政行為といいます。行政行為の一番重要な特徴は、公権力性です。つまり、行政行為によれば、当事者が「いいよ！」と言わなくても、行政機関が一方的に法律が認めた結果を実現させることができるのです。

（2）Case 1 で考えてみよう！

たとえば、**Case 1** で、A 子が土地を売ることに同意して土地を売れば、売った相手が行政機関であるだけで、単なる売買契約（民法 555 条）にすぎません。逆にいうと、A 子が同意しなければ、売買契約を締結することはできません。

行政契約については、第
7 章 非権力的な行為形式
4 で詳しく学習します。

しかし、県は**土地収用**という方法で、A 子の土地を強制的に手にいれることができます。土地収用とは、国・地方公共団体などが、道路建設等の全体の利益になる事業を行うために、正当な補償金と引き換えに強制的に土地を手にいれる制度をいいます。また、こうした事業を行う国・地方公共団体などを**起業者**といいます。

土地収用をするためには、まず、本当にその事業がみんなのためになるのかチェックされ（事業認定）、その後に、**収用裁決**という処分で実際に所有権などが起業者に移ることになります。

土地収用がされれば、A 子が同意しているかどうかに関係なく土地の所有権が県に移りますから、これらは行政行為です。

（3）行政行為ってどこで使う言葉なんだろう？

行政処分は、行政行為と
よく似ていますが、行政
処分のほうがやや広い意
味の概念です。処分性が
認められる行為の大半は
行政行為であり、また、
行政行為であれば処分性
は間違いなく認められる
という関係にあります。
第 15 章 訴訟要件①処分
性で詳しく学習します。

❷行政行為は、学問上の言葉です。法律上は行政行為という言葉はでてきません。しかし、同じような意味をもつ言葉として、「行政処分」「処分」という言葉はでてきます。これらは、私たちの訴えに裁判所がそもそも取り合ってくれるのかどうかを画する重要な概念です。そして、処分にあたる多くの行為は行政行為ですから、行政行為の概念も、やはり重要な概念といえます。

(2) 断り書きがついていた!!―附款―

　行政行為には、**条件や期限**など、処分の主な内容とは異なる意思表示が追加されることがあります。細かい内容をつけ加えることによって、法律の目的をよりきめ細やかに達成するためです。たとえば、自動車免許に「眼鏡をかけて運転しなさい」という条件をつけることなどがあります。このように、行政行為に条件などの補助的な意思表示をつけ加える行政の意思表示を**附款**といいます。

(3) 行政機関のもつ特別な力―公定力―

(1) 違法な処分も、原則有効

　行政機関の行為が違法であることがあります。しかし、違法な行為でも、権限がある行政庁や裁判所が取り消すまではいちおう有効なものとして扱われます。そして、取消訴訟を起こすことのできる期間はかぎられていますから、その期間を過ぎれば原則として違法だと主張することはできなくなります。このような、行政行為のもつ効力を**公定力**といいます。

取消訴訟を起こすことができる期間（出訴期間）については、第17章 訴訟要件③訴えの利益・その他の訴訟要件3 で詳しく学習します。

　たとえば、税を課す処分が違法であれば、税金を納める義務はないことになりそうです。しかし、違法であったとしても、取り消されるまでは税を課す処分は

5-1

有効ですから、税金を納めなければ税金を納める義務を果たしていないということになるのです。

　なぜ行政行為にこのような特殊な効力が認められているのでしょうか。一般的には、行政事件訴訟法に、取消訴訟の制度があるためだと考えられています。つまり、法がわざわざ行政行為の取消しの制度を設けているということは、行政行

行政事件訴訟法第3条 抗告訴訟
　2　この法律において「処分の取消しの訴え」とは、行政庁の処分その他公権力の行使に当たる行為(略)の取消しを求める訴訟をいう。

為の効力を争うことができるのはこの制度だけであるということも意味していると考えるのです。これを、**取消訴訟の排他的管轄**といいます。

（2）あまりにも違法の程度が大きいとき―無効―

（a）取消訴訟以外にも処分を争える場合がある！

では、取消訴訟以外の訴訟で行政行為が違法だと主張することはいっさい許されないのでしょうか。答えは No です。行政行為の違法の程度が大きく、**無効**といえる場合には、取消訴訟によって行政行為を取り消さなくても無効だと主張することができます。なぜなら、違法の程度が大きい場合にまで行政機関の判断を尊重する必要はないからです。

（b）これを争えないのはおかしい！―判断基準（重大明白説）―

では、違法があまりにも大きく無効とまでいえる場合とは、どのような場合のことをいうのでしょうか。

判例は、①違法が**重大**であり、②違法であることが**明白**である場合に、行政行為は無効であると考えています。そして、②の要件をみたすためには、権限がある国家機関の判断を待つまでもなく、だれが見てもほぼ同じ結論にたどりつけるくらいに明らかである必要があります。たとえば、行政庁が権限もないのに行政行為を行った場合は、法律の留保という基本原理に違反するため違法は重大で、違法であることはだれが見ても明らかなので、無効です。

課税処分と当然無効 ④

（3）いつ効果がでるの？―効力の発生時期―

行政行為が成立しても、（1）でお話しした効力が発生するとはかぎりません。原則として、告知によって相手方に知らされた時に効力が発生します。

2 効力は永遠には続かない！
―行政行為の効力の消滅―

行政行為によってある法律効果が発生した後に、行政行為

の効力を消滅させる必要がある場合があります。その方法としては、取消しと撤回があります。

(1)　間違いの放置はダメ！─取消し─

　行政行為に間違いがあるために、行政行為の効果を消滅させる場合を、**取消し**といいます。多くの場合は、行政行為によって不利益を受けた人が、訴訟によって行政行為を取り消します。さらに、行政行為を行った行政庁自身が、行政行為を取り消すこともできます。

　取消しは、行政行為にはじめから問題があった場合にされるものですから、法的には、<u>はじめからその行政行為がなかったものとして扱われるのが原則です。</u>
⑤

過去にさかのぼって法律関係が生じたり、すでに生じている法律関係が過去にさかのぼってなくなったりするという効果のことを遡及効といいます。

(2)　問題があるから、やっぱりやめようっと！
　　─撤回─

　撤回とは、行政庁自身が、間違うことなく行政行為がされた後に、その後に生じた事由、たとえば相手方が義務に違反したことを理由として、行政行為の効力を失わせることをいいます。

　撤回は、行政行為をした後に問題が発生した場合にされるものですから、<u>将来に向かって効力がなくなるだけです。</u>
⑥

遡及効に対して、過去にはさかのぼらず、ある時点から将来に向かって法律関係を変動させる効果のことを将来効といいます。

3 その行為、間違ってます！
─行政行為の瑕疵─

(1)　違法を引き継いで主張できる?!─違法性の承継─

Case 2
　　　一発逆転！諦めるにはまだ早い！
20XX 年 8 月 20 日、私は再び A 子の取材に出掛けた。結

局、A子の土地は土地収用により取り上げられてしまっ
たそうだ。

ところが、ここにきて、事業認定の手続にミスがあったこ
とがわかった。しかし、取消訴訟を起こすことのできる期
間は過ぎているから、もはや事業認定の取消訴訟を起こ
すことはできない。ほかに考えられる手段としては、事業
認定に続いて行われた収用裁決を取り消す訴訟を起こし
て、そのなかで事業認定が違法だと主張することが考え
られる。事業認定は収用裁決の前提になっているから、事
業認定が違法ならば収用裁決も違法になるというわけだ。
しかし、事業認定の取消訴訟は起こせないのに、別の訴訟
で違法だと主張できるとすると、わざわざ訴訟を起こせ
る期間を制限した意味がなくなるのではないか。

収用裁決の取消訴訟で事業認定の違法を主張することが
できるのだろうか。　　　　　　　　　法治新聞記者　政行

Answer 2 収用裁決の取消訴訟で、事業認定の違法を主
張することができます。

（1）どんな場合に引き継がれるの？

　行政の活動は、1つの行政行為のみで終了する場合だけで
なく、複数の行政行為が連続して行われる場合もあります。
たとえば、土地収用を行うためには、1(1)（2）でお話しし
たように、まず事業認定が行われ（先行行為）、続いて収用裁決
がされる（後続行為）ことが必要です。

　では、事業認定（先行行為）に違法があった場合、収用裁決
（後続行為）の取消訴訟で事業認定の違法を主張できるでしょ
うか。

　このような場合に、後続行為に先行行為の違法が引き継が
れ、後続行為の取消訴訟で先行行為の違法を（後続行為の違法
として）主張できるという考え方があります（**違法性の承継**）。

　しかし、すべての場合に違法性の承継が認められるわけで

はありません。なぜなら、**Case 2** で政行が疑問に思っている
ように、取消訴訟を起こせる期間が過ぎてしまえば、もはや
先行行為を直接取り消すことはできないのに、ほかの訴訟で
先行行為が違法だと主張できるとすると、取消訴訟を起こせ
る期間を制限した意味がないからです。

　そこで、①先行行為と後続行為が連続して行われ、②先行
行為と後続行為が一緒になって 1 つの法効果の発生をめざし
ている場合にかぎって、違法性の承継が認められると考えら
れています。

5-2

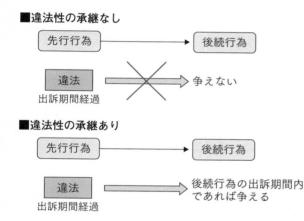

■違法性の承継なし

■違法性の承継あり

（2）**Case 2** で考えてみよう！

　たとえば、事業認定と収用裁決は連続して行われ（①）、2
つの手続は一緒になって土地の収用という効果をめざしてい
る（②）ので、違法性の承継が認められます。ですから、A 子
の土地収用の前提となった事業認定の手続の間違いは、収用
裁決の間違いとして引き継がれ、収用裁決の取消訴訟で主張
することができます。

⑵　たまたまだけど、その行政行為を残したい！

　行政行為に間違いがあったとしても、行政行為を取り消し

て同じ処分を繰り返すと、有効だと思っていた人たちをあまりに混乱させたり、手間や費用がかかりすぎたりするなど、当初の行政行為の効力を維持したほうがよい場合があります。

　その代表例が、要件が揃っていないのに行政行為がされた場合に、後から足りなかった要件がみたされることによって間違いがなくなったと考える場合（瑕疵の治癒）です。たとえば、会議の招集手続に、構成員全員に招集通知がだされなかったという間違いがあったとします。しかし、この場合も、たまたま構成員全員が出席していたときは、手続の間違いはなくなったといえます。

4 行政行為にもいろいろある！ ―分類―

　行政行為には、さまざまな分類の仕方があります。ここでは、そのなかでも重要な、許可と特許の区別について学習します。なお、この区別は、個別法が定めているさまざまな行政行為を、学問的に解釈し直したものです。ですから、個別法に「許可」と書かれていても、本当は「特許」と解釈すべき場合も多くあります。十分に注意してください。

(1) 本来自由に行っていいもの―許可―

　許可とは、本来は自由に行ってもいいことを法律が制限している場合に、その制限を解除することです。たとえば、国民には営業活動をする権利があります（憲法22条）が、リサイクルショップや金券ショップのような中古品の売買を行う営業（古物営業）は、盗品の売買を防ぐために、公安委員会の許可を受けなければなりません（古物営業法3条）。ここでは、公安委員会が古物営業をしてもいいと認めることによって、本来国民がもっている古物営業をする自由を回復させることに

公安委員会とは、警察の民主的な運営、政治的中立性を確保するためにつくられた行政機関をいいます。

なるため、許可にあたります。

(2) 元々自由に行えないもの―特許―

特許とは、本来自由に行える行為をできるようにする(1)の許可と異なり、国民が本来もっていない権利を設定する行為です。たとえば、公共の川や海の埋立ては自由にすることはできませんが、公有水面埋立法2条による都道府県知事の免許を受ければすることができます。ここでの都道府県知事が免許を与える行為は、埋立てをすることができる権利という新たな権利をつくりだしていますから、特許にあたります。

(3) 許可と特許の区別は何のため？

ある行為が許可か特許かによって、行政に認められる裁量の幅、つまり、行政庁がどこまで独自の判断をすることができるのかが変わります。

許可は、本来自由にすることのできる行為をできるようにするものですから、裁量の幅は狭く、法律で決められた要件をみたせば原則許可しなければなりません。

一方、特許は、国民がもっていない権利を設定する行為ですから、裁量の幅は広く、行政庁はだれにどのような観点から特許を与えるのかについてある程度自由に判断することができます。

行政裁量については、第6章 行政裁量で詳しく学習します。

プラスα文献
試験対策講座 4章2節
判例シリーズ 13事件〜18事件、27事件〜30事件

1	行政行為には公定力が認められるが、公定力の実定法上の根拠は、国家権力に対する権威主義的な考えに求められ、<u>取消訴訟の排他的管轄には求めることはできない</u>。　　　（特別区 H30 年）	× 1【3】(1)
2	公定力とは、行政行為に<u>重大かつ明白な瑕疵</u>があった場合であっても、正当な権限を有する国家機関によって取り消されるまでは一応有効なものとして取り扱われる効力である。　　（地方上級 H26 年）	× 1【3】(2)
3	行政行為の効力は、行政行為の成立した時ではなく、行政行為が告知によって相手方に知られた時に発生する。 　　　　　　　　　　　　　　　　　（法検上級 H23 年改題）	○ 1【3】(3)
4	行政行為の撤回とは、行政行為に<u>原始的な瑕疵</u>があることを理由として、行政庁が当該行政行為の効力を<u>遡及的</u>に消滅させることをいう。　　　　　　　　　　　　　　　　（法検上級 H23 年）	× 2【2】
5	先行する行政行為の瑕疵は、後続する行政行為に引き継がれないのが原則であるが、両者が一連の手続を構成し、かつ同一の法効果の発生を目指すものであれば、例外的に先行の行政行為の違法性が後続する行政行為に承継することがある。　　（地方上級 H29 年）	○ 3【1】(1)

行政裁量——最良の選択をお願いします！

1 基本的にはあなたにお任せ！
――裁量総論――

キ……ここは基本！
ステ・君ならできる！
:.:. できたらスゴイ！

(1) 個別の事情を考慮します！

　行政行為は、法律に定められていなければすることができません（法律による行政の原理）。しかし、起こりうるあらゆる事態を想定して法律をつくることは不可能です。また、法律ですべて定めなければならないとすると、柔軟な対応ができなくなり、かえって市民のためにならない場合もあります。そこで、行政庁が個別の事情を考慮して、自由に行政行為を行うことを判断できる場合（裁量）があります。

法律による行政の原理については、第3章 行政の基本原理1(1)を見よう！

(2) 裁量があるってどういう意味？

　裁量があるというのは、行政庁が不当な動機や目的で処分を行った場合（裁量の濫用）や、法律で決められた裁量の範囲を超えて判断した場合（裁量の逸脱）でなければ、行政庁の判断が裁判所の判断に優先されるということを意味します。つまり、裁量が認められる場合には、行政裁量の逸脱や濫用が──①ないかぎり、裁判所が正しいと考える判断と違っていたとしても、行政庁の判断が違法になることはないのです。ですから、裁量があるか、そして裁量の逸脱や濫用があるかどうかは、非常に重要です。

　また、裁量の逸脱や濫用があるかどうかを判断するときには、どれだけの幅で裁量が認められるのかが非常に重要です。裁量が広く認められる場合は裁量の逸脱や濫用になりにくいといえますが、裁量が狭い場合は裁量の逸脱や濫用になりや

① **行政事件訴訟法第30条　裁量処分の取消し**
行政庁の裁量処分については、裁量権の範囲をこえ又はその濫用があつた場合に限り、裁判所は、その処分を取り消すことができる。

すいといえます。

2 裁量がある行為とない行為
─裁量行為と羈束行為─

Case 1

手術の天才、その名はブラック・ジョーカー

20XX年11月21日、私は京都府α市に、ブラック・ジョーカーの異名をもつA男の取材に来た。A男は、心臓手術の天才である。彼は手術の成功率がずば抜けて高いばかりか、新たな技法を次々に編みだしており、これまで死を待つしかなかった患者で彼に救われた者は数知れない。

ところが、先週、彼は被保佐人であることが発覚した。弁護士の友人の情報によると、A男の医師免許は取り消される可能性があるということだ。

しかし、彼を待つ患者は大勢いる。A男から医師免許を剥奪するのは、まさに社会の損失ではないか。

厚生労働大臣は、彼の功績と能力を考慮し、医師免許を剥奪しないという判断をすることはできないのだろうか。

法治新聞記者　政行

被保佐人とは、精神上の障害により事理を弁識する能力が著しく不十分な者で、家庭裁判所により保佐開始の審判を受けた者をいいます。被保佐人は、行為能力が一部制限されます。

被保佐人については、ファーストトラック民法第2章 権利の主体（自然人）4(3)(2)を見よう！

Answer 1 厚生労働大臣は、A男の医師免許を剥奪しないという判断をすることができます。

　行政行為のすべてに裁量が認められるわけではありません。裁量が認められず、法律の明確な定めのもとで法律をそのまま機械的に適用することが求められる行為を、**羈束行為**（き そく）といいます。ここで **Case 1** についてみてみましょう。

③ 羈束とは、自由を束縛することをいいます。

　旧医師法は、被保佐人の免許は取り消すと明確に定めていたため（旧医師法7条1項・3条）、裁量の余地がありませんでした。ですから、被保佐人に対する取消しは羈束行為でした。A男がどんな名医だったとしても、厚生労働大臣は、必ずA男の医師免許を剥奪しなければならなかったのです。

　しかし、医師法が改正され、被保佐人だからといって必ずしも医師免許が取り消されるわけではなくなりました。現在の医師法は、「心身の障害により医師の業務を適正に行うことができない者として厚生労働省令で定めるもの」などに該当する場合に、免許の取消しなどの処分をすることが**できる**と規定しています（医師法7条1項・4条1号）。

　つまり、厚生労働大臣は、A男が「心身の障害により医師の業務を適正に行うことができない者として厚生労働省令で定めるもの」に該当するかどうか、該当するとしても免許の取消しをするかどうかについて、独自に判断することができます。このように、行政庁が独自の判断をして行う行政行為を、**裁量行為**といいます。

3 どの段階で裁量が認められるの？

　行政行為は、①事実認定、②要件の解釈・あてはめ、③手続の選択、④具体的な処分内容の決定、⑤処分をする時期の判断、というプロセスを経て行われます。

　裁量の範囲についてはさまざまな考え方がありますが、現代では、5つすべてのプロセスで裁量が認められうると考え

られています。特に、②の要件の解釈・あてはめの段階で認められる裁量を**要件裁量**、④の具体的な処分内容の決定の段階で認められる裁量を**効果裁量**といいます。

4 「全部お任せ！」とはいかない
―行政裁量の司法的統制―

(1) 裁判所にもチェックさせて！

1でお話ししたように、行政庁に裁量が認められる場合、裁量の逸脱や濫用がないかぎり、裁判所は処分を違法として取り消すことができません。そして、近年は認められる裁量の範囲が拡大しているので、裁判所のチェックが及ぶ範囲はそれに伴って狭くなっています。とはいえ、行政庁が裁量の名のもとにあまりにも勝手な行為をしている場合には、やはり裁判所がその行為を規制しなければなりません。ですから、裁判所は、裁量の逸脱や濫用があるかどうかを審査する手法をより精密なものにすることによって、行政に対するコントロールを維持しようとしています。では、裁量の逸脱や濫用があるかどうかは、どのように判断するのでしょうか。ここからは、これまでの判例がとってきた判断方法を、具体的にみていきましょう。

(2) 行政庁の判断結果に着目！
―実体的コントロール―

処分の結果に着目して、行政庁が裁量を逸脱または濫用しているかどうかを判断する方法があります。

(1) あ、間違えた！―事実誤認―

処分をする前提となる事実に間違いがある場合は、裁量の逸脱や濫用になります。たとえば、ある外国人Mは政治的活動をまったく行っていないのに、Mが政治的活動をしたということを理由に在留期間の更新を認めないと法務大臣が判断

したとします。この場合、法務大臣の判断はまったく事実の基礎を欠くので、裁量の逸脱や濫用にあたります。

（2）不公平でしょ！—平等原則・比例原則違反—

平等原則・比例原則は一般原則ですから、この原則に違反する場合は裁量の逸脱や濫用があると考えられています。

（3）何のためにやっているの！—目的違反・動機違反—

Case 2

県の荒業！児童公園設置で阻止！

20XX 年 12 月 5 日、私は山形県 β 市に取材に来た。β 市で風俗業を営む C 男が、風俗営業の禁止地域で風俗店を営業したとして起訴されたのだ。

C 男が風俗店を営業した場所で風俗営業が禁止されるのは、付近に B 児童公園があるからだ。たしかに、俗にいう風営法は児童福祉施設から 200 メートル以内での風俗営業を禁止しているし、C 男の風俗店は明らかにこの範囲に含まれているから、どう考えても法律違反だ。C 男は有罪になるだろう。

20XX 年 12 月 6 日、C 男に取材したところ、この事件のまったく違う側面が浮き彫りになった。なんと、B 児童公園は、C 男の風俗店営業を阻止するためにわざわざ建設されたものだというのだ！

なんでも、C 男の風俗店営業については、付近の住民の反対がとても強く、県に対してもクレームが多数届いていたらしい。しかし、法的に C 男に違法なところはなく、営業を止めさせる手段がなかったことから、県は最後の手段

④ 平等原則とは、合理的な理由がなく国民を不平等に取り扱ってはならないという原則で、比例原則とは、達成されるべき目的のために不必要な規制や過剰な規制をしてはならないという原則をいいます。

⑤ 一般原則とは、法律に書かれていないものの、行政が守らなければならないルールをいいます。一般原則は法律と同じ役割を果たすので、行政が一般原則を守らないで行った活動は違法となります。

⑥ 風営法の正式な名称は、「風俗営業等の規制及び業務の適正化等に関する法律」です。

この間まで公園はなかったのに………

風営法違反！
B 児童公園
200m

として強引に風俗営業禁止範囲をつくりだしたのだった。

しかし、児童公園は子供に健全な遊びを与えて健康を増進し、心を豊かに育てるために設置される施設なのだから、風俗店の営業を阻止する目的で設置することは許されないと私は思う。

そもそも、B児童公園の設置を認可したことが違法なのであって、C男を無罪にすべきではないだろうか。⑦

法治新聞記者　政行

認可とは、行政行為のひとつで、第三者の行為を補充してその法律上の効力を完成させる行為をいいます。たとえば、農地の所有権を移転するには、当事者間の契約だけではなく、農業委員会の許可が必要です。この農業委員会の許可は、学問上の分類では認可にあたります。

第3章 行政の基本原理1(2)(2)(a)を見よう！

Answer 2 B児童公園の設置を認可したことは、裁量の逸脱・濫用にあたり違法であり、C男は無罪になります。

（4）処分は目的達成のためにある！

処分をするには法律の根拠がなければいけません。そして、処分は根拠となる法律が制定された目的を達成するために行われなければなりません。ですから、法律が制定された目的と異なる目的や動機でされた処分は裁量の逸脱や濫用になりえます。

（5）Case 2 で考えてみよう！

児童福祉施設の設置を認可する根拠法である児童福祉法によると、児童遊園は、児童に健全な遊びを与えてその健康を促進し、心を豊かにすることを目的とする施設のため、認可もその目的に沿ってされる必要があります。しかし、**Case 2**では、風俗店の営業を阻止するためにB児童公園の設置が認可されているため、法の目的に違反します。ですから、B児童公園の設置の認可は、裁量の逸脱・濫用があるといえ、違法です。

(3)　行政庁の判断過程に着目！―判断過程統制―

Case 3

教育研究会開催の是非?!

20XX年1月11日、私は広島県γ市に取材に来た。γ市で中学校の教師をしている古い友人であるE男から事件が起きたことを聞いたからだ。

広島県教職員組合では、毎年、県教育研究集会を休日に県内の学校で開催しているそうだが、今年にかぎって学校施設の使用許可がおりなかったらしい。

γ市教育委員会の言い分は、集会が行われることで、右翼団体の街宣車が押し寄せ、地域や学校が混乱し、生徒にも悪影響を与えるし、教育に支障が生じるというものだ。

しかし、今回集会を妨害する具体的な動きがあったわけではないし、かりに妨害があったとしても、学校は休みだから、生徒に対する影響はそれほどない。それに、職員なのだから集会を行うには学校施設を使うのが一番便利だ。このような事情を考慮すると、今回の不許可処分は、裁量の逸脱や濫用にあたり、違法ではないだろうか。

法治新聞記者　政行

Answer 3　学校施設の使用不許可処分は、裁量の逸脱や濫用にあたり、違法です。

　処分の結果だけでなく、処分にいたる判断の過程（プロセス）に着目することもあります。この方法は、考慮すべき事実を考慮せず、考慮すべきでない事実を過大に評価している場合に、判断する過程に合理性が欠けているとして、裁量行為が違法であるとするものです。

　では、**Case 3**の場合はどうでしょうか。**Case 3**では、集会が開かれることによる地域や学校、生徒への影響はそれほど

大きくないのに、悪影響が生じる可能性を必要以上に重視している点で判断過程に合理性が欠けているとして、裁量の逸脱や濫用があるといえます。

(4) 行政庁のやり方に着目！―手続的統制―

手続に着目し、適切さを欠いている手続がされたこと自体を理由に、処分が違法だと判断される例もあります。たとえば、パスポートの発給を拒否する処分をする場合のように、裁量の幅がとても広く、通常ならば裁判所で審査しにくい処分であっても、理由の提示に不備があれば、処分を取り消すことができるのです。

理由の提示については、第9章 行政手続法①申請に対する処分と不利益処分で詳しく学習します。

プラスα文献
試験対策講座 4章3節
判例シリーズ 19事件〜26事件

1	行政庁の裁量処分について、裁量の範囲内であれば、不正な動機に基づいてなされた裁量処分が<u>違法とされることはない</u>。 (特別区 H29 年)	× 1【2】
2	行政事件訴訟法は、行政庁の裁量処分については、裁量権の範囲をこえ又は裁量権の濫用があった場合に限り、裁判所は、その処分を取り消すことができると定めている。 (特別区 H20 年)	○ 1【2】
3	知事が行う児童遊園の設置認可処分は、本来の設置目的とは異なり風俗店の開業を阻止する目的で行われたとしても、<u>裁量権の濫用にはあたらない</u>。 (都庁 H14-33 改題)	× 4【2】(3)
4	処分にいたる判断の過程に不合理な点があっても、<u>裁量行為の結果に事実誤認や一般原則違反、目的動機違反が認められなければ、裁量行為は違法とならない</u>。	× 4【3】

Topics

二風谷ダムにまつわる最良の結論は?!

　　北海道にある二風谷ダムを知っていますか？

　　このダムの建設には、多くの住民が反対していました。なぜかといえば、このダムの建設場所は、アイヌ民族の聖地とされていたからです。そこで、多くの建設予定地の所有者が土地の売渡しを拒否しましたが、最終的に北海道開発局は、土地収用によって強制的に土地を取得し、ダムを建設しました。

　　しかし、後の裁判で、この収用は違法だったと判断されました。土地収用の前提となる事業認定がされるかどうかは、第6章　行政裁量でお話ししたように、国土交通大臣（当時は建設大臣）の裁量に任されています。ただし、その判断をする場合は、アイヌ文化に対して十分な考慮をしなければなりません。なぜなら、アイヌ民族は独自の文化をもった少数民族ですが、アイヌ民族固有の文化をもつ権利は、すべての国民が個人として尊重されるという憲法13条や国際人権規約で保障されているからです。

　　しかし、建設大臣は、アイヌ民族の文化について十分な調査を行わず、アイヌ文化について十分な考慮をすることなしに事業認定をしてしまいました。そのため、裁量を逸脱・濫用したと判断されたのです。

　　二風谷ダムにまつわる裁判例は、少数民族の権利の関係で有名ですが、このように、裁量という視点から、行政庁が何を考えて判断すべきかについて考えることも、行政法の学習に役立ちます。ぜひ、ほかの裁判例についても、このような視点からじっくりと読み、考えてみてください。

非権力的な行為形式
──ソフトな手法ほど怖いものはない？

1 広がるバリエーション

今、行政の活動する範囲が広がっています。それにつれて、行政は、処分をするだけでなく、行政の基本的な立場を明らかにする指針や計画を作ったり、市民の協力を求めるために説得を試みたり、市民との間で契約を結ぶなど、さまざまなタイプの行政活動を行うようになりました。こうした活動は、必ずしも市民に一方的に義務を課したりするわけではないので、行政行為というコンセプトからははみ出してしまいます。

このような、一方的に義務を課すものではない行政の活動のことを、**非権力的な行為形式**といい、最近の行政法学の重要なテーマとなっています。この章では非権力的な行為形式の代表例として、行政計画・行政指導・行政契約の3つについてみていきましょう。

2 めざせ！いい都市、いい社会
──行政計画──

(1) 目標実現のため、ありとあらゆる手段あり

行政計画とは、行政機関が目標を定めて、その実現のためにさまざまな手段を組み合わせ、まとめた計画のことです。その手段には、公権力の行使①といえるものもあれば、そうでないものもあります。

行政計画のうち、市民の権利の行使が制限される計画を**拘束的計画**、制限されない計画を**非拘束的計画**といいます。

拘束的計画の例として**土地区画整理事業計画**があります。

> ① **公権力**とは、国や地方公共団体が国民や市民に優越的な地位を行使する権力のことをいいます。

仮換地指定とは、土地区画整理事業において、換地処分がされるまでの間、換地される予定地を使わせることをいいます。

土地区画整理事業の対象となる土地は広大で、事業は長い間行われるため、換地処分がされるまで、土地区画整理事業の対象となった土地の権利者に代わりの土地を与える必要があります。そこで、換地処分がされる前でも換地予定地を使えるようにしたのが、仮換地指定です。

換地処分とは、土地の区画を整理する工事が終了した後、土地区画整理事業の対象となった土地の権利者に対して、同面積の新たな区画となった土地を割り当てることをいいます。このとき、元の土地の権利者に割り当てられる土地のことを換地といいます。

法律の根拠については、第3章　行政の基本原理1（2）（2）を見よう！

効果裁量については、第6章　行政裁量3を見よう！

小田急高架訴訟本案判決

② これは、宅地の利用価値を高めるために、道路や公園などの公共施設を整備し、いびつな土地の区画を整理するものです。この事業計画が決定されると、地域住民が立ち退きを迫られる**仮換地指定**②や**換地処分**③などの処分が行われる場合もあります。

　また、土地区画整理事業計画が決まった地域では、鉄筋コンクリート構造など、すぐに壊せず計画の邪魔になる建物は建てられなくなってしまいます（建築制限）。そうなると、市民の権利や利益に大きく関わってきますから、こうした計画をつくるためには法律の根拠が必要とされています。

(2)　行政のテリトリーはとても広い―計画裁量―

③ 行政計画は、行政側に広い効果裁量が認められていることが大きな特徴です（計画裁量）。なぜなら、人口や経済活動の変化などの予想がつきにくい事情を考慮しながら行政計画をつくらなければならないからです。

　しかし、行政の判断は絶対ではありません。判例によれば④判断のもととなった重要な事実に間違いがあったり、その事実の評価のしかたに不合理なところがあったりした場合などには、裁判所は違法であると判断できます。

3 先が読めない時代こそ臨機応変！
―行政指導―

(1)　行政指導＝市民へのお願い

④ **行政指導**とは、行政機関が、ある行政目的のために、特定の者に何かをしたり、逆に、しないように求める指導、勧告、助言などのことをいいます（行手法2条6号）。

　行政指導は市民に協力を頼むだけなので強制力はありません。あくまで市民が任意に従ってくれることを期待して行われます。

なお、第3章 行政の基本原理 **1**（2）（2）で説明した法律
の留保の原則に関して、行政指導をするために法律の根拠が
必要かどうか問題になります。しかし、行政指導はあくまで
市民が任意に従うことを期待するもので強制力がないため、
国民の権利や自由を侵害することにはなりません。ですから、
行政庁は、法律の根拠がなくても、必要に応じて行政指導を
することができます。

7-1

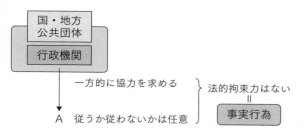

　ただし、業務と無関係のことまで口を挟めるとなると、そ
れは役人の気まぐれであって、行政としての活動とはいえま
せん。そのため、行政手続法32条1項で、担当する事務の範
囲を超えて指導してはいけないと定めています。

(2)　行政指導にはメリットもデメリットもある

　行政指導には、法律が想定しないトラブルに臨機応変に対
応できるという大きなメリットがあります。
　しかし、行政指導にはデメリットもあります。行政指導に
は法律の根拠がいらないため、行政指導の責任をだれが負う
のかが不明確となり、行政庁の都合で身勝手な指導が行われ
るおそれがあります。また、行政指導を行う行政庁が、国民
を不利益に扱うことのできる権限をもっている場合には、国
民は不本意ながら指導に応じなければならなくなるかもしれ
ません。このような手法が許されてしまうと、任意の手段で
あるはずの行政指導が、事実上の強制となってしまい、大き

⑤　**行政手続法第32条
行政指導の一般原則**
1　行政指導にあって
は、行政指導に携わる
者は、いやしくも当該
行政機関の任務又は所
掌事務の範囲を逸脱し
てはならないこと及び
行政指導の内容があく
までも相手方の任意の
協力によってのみ実現
されるものであること
に留意しなければなら
ない。

な問題となります。

(3) 指導には従えません！―違法な行政指導の判断基準―

Case 1

住民の言いなり！「悪質」業者イジメ

20XX年2月23日、私は熊本県α市に取材に来た。α市で建築業を営むA社が熊本県に損害賠償を求めて訴えるというのだ。A社によれば、熊本県は、マンション建築に必要な建築基準法上の建築確認処分をだし渋り、住民と話合いをするようにとしつこく指導した。これに対しA社は、指導には従えないとして、建築確認処分をださないことに対して審査請求をしたが、県は態度を改めず、結局、工期が遅れて莫大な損害を被ったそうだ。

一方、県の担当者は、そのマンション周辺では住民の建設反対運動が活発であり、円満な話合いによる解決を希望するため、対立を激化させかねない建築確認処分はだせなかったと弁解している。

たしかに地域との調和も重要だが、これはまるで行政指導の名を借りた建築規制ではないか！

このような行政指導は適法なのだろうか？

法治新聞記者　政行

建築確認処分については、第16章 訴訟要件② 原告適格 2(3) で詳しく学習します。

審査請求については、第13章 行政不服申立て① 制度の全体像 3(2)で詳しく学習します。

Answer 1　このような行政指導は違法です。

　行政指導は、法的に強制力がなく市民に任意の協力を要請するものです。ですから、拒否できるものでなければ行政指導とはいえません。そこで、従わなければ罰金、といったような強制がある場合には違法になります。

どういった場合に強制となるのか、その判断基準を定めるのが行政手続法33条です。これによれば、行政指導をされる側が、行政指導に従わない意思を明確に示している場合には、それを無視して行政指導を続けることは違法となります。

Case 1 のA社は、熊本県に対して指導には従えない旨を伝え、審査請求まで行っていますから、従わない意思を明確に示しているといえます。ですから、県が態度を改めなかったのは、違法といえます。

⑥ **行政手続法第33条 申請に関連する行政指導**
申請の取下げ又は内容の変更を求める行政指導にあっては、行政指導に携わる者は、申請者が当該行政指導に従う意思がない旨を表明したにもかかわらず当該行政指導を継続すること等により当該申請者の権利の行使を妨げるようなことをしてはならない。

4 契約を結ぶのは人や企業だけじゃない―行政契約―

(1) 契約は、国とあなたのお約束

行政契約とは、国や自治体が市民などと結ぶ契約のことです。行政契約は、行政行為とは違って、一方的に義務づけなどを行うのではなく、市民との合意によって行われる行政活動である点に特色があります。そのため、行政契約をするのに**法律の根拠は必要ありません**。

7-2 ●

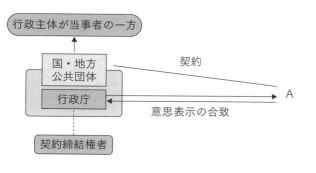

行政契約の具体例としては、官庁用建物の建築請負契約のように、行政活動の準備段階で必要となるもの（**準備行政における契約**）や、水道供給契約のように市民に便宜を与える行政

活動の一環として利用されるもの（給付行政における契約）があ
ります。また、なかには、公害防止協定に代表されるように、
市民の権利を奪ったり義務を課したりすることを目的として
結ばれるもの（規制行政における契約）もあります。

(2) 破れぬ誓いで自然を守れ！―公害防止協定―

（1）時代の変化にあわせやすい

　公害防止協定は、県や市などの地方自治体が、法律で規制
しきれない公害の防止を目的として事業者などの市民と結ぶ
取り決めです。

　たとえば、自治体が原子力発電所の設置業者との間で、新
たな施設をつくるときに自治体の同意を得るべきことを約束
したりするものなどがあります。

　公害防止協定は、法律だけでは時代の変化や地域の実情に
応じた十分な規制ができない場合に、厳しい規制を企業に課
すことができるため、多くの自治体で活用されています。

　しかし、いくら公害防止協定に合意したとはいっても、公
害防止協定が法的拘束力をもつと考えると、市民の自由を制
約するには法律の根拠が必要だとする法律による行政の原理
に違反しかねません。そのため、公害防止協定に法的拘束力
があるかが問題とされてきました。

（2）約束したのに破れるの？―公害防止協定の法的性質―

　公害防止協定を、法的拘束力をもたない紳士協定だと考え
る立場があります（紳士協定説）。この立場は、公害防止協定を
契約だと考えて法的拘束力を認めると、事業者が債務不履
行責任を問われる結果となってしまうことに着目し、市民の
自由を制約する行政活動には法律の根拠が必要であることの
不当な抜け道になることを理由としてあげます。この立場を
採用すると、協定違反があっても、自治体としては手も足も
だせないことになってしまいます。

　反対に、公害防止協定を、法的拘束力をもつ契約だと考え

紳士協定とは、このよ
うな、自分から果たさ
なければならない約束
で、法的に強制するこ
とのできないものをい
います。

債務不履行責任について
は、ファーストトラック
民法第15章 債権の効力
1 を見よう！

る立場もあります（契約説）。この立場は、当事者が事業に関して意思の合致をしていることを理由としてあげます。この立場を採用すると、事業者が公害防止協定に違反したときには、この事業者は債務不履行責任を問われることになります。

　どちらの立場を採用するかについて議論がされてきましたが、公害防止協定について、契約説を採用した判例があります。そのことは覚えておいてください。

（3）いくら合意と言ったって ─公害防止協定の内容の限界─

Case 2

福島をだました環境省を許さない！

202X 年 3 月 22 日、私は産業廃棄物最終処分施設の取材のため、福島県β市に来た。β市は、201X 年、住民の間での大議論を経て、環境省の説得に応じ、10 年間で使用を中止することを条件に、施設の設置を認めた。しかし、10 年経った今も使用が中止される気配はなく、施設を運営する業者は土地の明渡しをのらりくらりと引き伸ばしているのだ。β市によれば、こんな裏切りは許せないし、老朽化によって有害物質が施設から漏れ出るおそれがあり、市民の生命・身体が危ないという。

施設の建設時にβ市が事業者と締結した協定には、「施設の使用期限を設置から 10 年間とすること」や「β市職員の立入り検査を認めること」などの規定がある。

このような規定に基づき、β市は施設事業者に対して、施設の使用を差し止める訴訟を起こしたり、安全性を調べるために立入り検査を行ったりすることはできないのだろうか。

法治新聞記者　政行

Answer 2　β市は、協定に基づいて使用差止訴訟を起こすことはできますが、立入り検査はできませ

ん。

　債務不履行責任を追及できるとしても、協定に、「違反したら社長は死刑にする」とあったとしたら、これは明らかにやりすぎで、公序良俗（民法90条）に違反し、この部分は無効となります。では、協定に盛り込むことが許される手段のラインナップの限界はどこまでなのでしょうか。

　これについては、盛り込むことができるのは民事的な手段にかぎられ、刑罰や実力行使といった公権力によってのみ認められる手段を盛り込むことは許されないと考えられています。なぜならば、行政契約は、行政目的を民事上の契約という**私法上の手段によって達成**するものだからです。

　たとえば、従わないからといって拘禁刑を科すことや、実力行使による立入り調査に応じることを義務づけることはできません。一方、操業差止めは、民事執行法により認められますから、民事的手段です。したがって、協定に期限を決めて迷惑施設の使用を中止する義務を取り決めておき、これを守るよう求めて**操業差止請求**を行うことは、認められます。

プラスα文献

試験対策講座 4章4節
判例シリーズ 31事件〜34事件

1	土地利用を制限する用途地域などの都市計画の決定についても、侵害留保説によれば法律の根拠が必要である。　　　　　（行書 H21-8）	○ 2【1】
2	行政指導は事実行為であり、相手方に対する直接の強制力を有するものでもないので、侵害留保の原則によれば、一般に行政指導には法律の根拠は必要とされない。　　　　　（法検上級 H25 年）	○ 3【1】
3	行政指導にあっては、行政指導に携わる者は、たとえ相手方が納得したうえで協力してくれる場合であっても、当該行政機関の任務または所掌事務の範囲を逸脱することは許されない。 　　　　　（法検上級 H25 年）	○ 3【1】
4	行政指導とは、行政機関がその任務において一定の行政目的を実現するため、特定の者に一定の作為又は不作為を求める指導、勧告、<u>処分</u>、助言に該当する行為である。　　　　　（特別区 H23 年）	× 3【1】
5	許認可の窓口で、「この許認可に関して、あなたの申請書に書かれているような構造の物は、本市策定の指針に抵触するため、申請書の修正をお願いします。これまでにも皆さんには指針に沿った構造に修正いただいておりますので。」と申請者に依頼することは、行政指導にあたる。　　　　　（法検上級 H23 年）	○ 3【1】
6	申請の取下げまたは内容の変更を求める行政指導にあっては、行政指導に携わる者は、申請者が当該行政指導に従う意思がない旨を表明したにもかかわらず当該行政指導を継続すること等により当該申請者の権利の行使を妨げるようなことをしてはならない。 　　　　　（法検上級 H25 年）	○ 3【3】
7	地方公共団体を一当事者とする場合でも水道供給は契約に基づく行為であり、水道料金が支払われないとき、行政上の強制徴収は許されない。　　　　　（法検上級 H25 年）	○ 4【1】、【2】(3)
8	公害防止協定の内容として地方公共団体の職員の立入検査権を定めていても、相手方が任意に立入りを許さない場合に、行政庁側に実力行使による立入検査までは認められないと解される。 　　　　　（法検上級 H25 年）	○ 4【1】、【2】(3)

行政上の強制措置
──お上の横暴？それとも必要な措置？

キ……ここは基本！
スデ……君ならできる！
……できたらスゴイ！

1 やりたくないが最後の手段だ！

　たとえば、税金を支払う義務のある人が「税金なんて払いたくない！」と駄々をこねている場合や、危険な伝染病の感染が疑われる人が検診を受けてくれない場合を考えてみましょう。この場合、その人の気が変わるまで行政は説得を続けるしかないというのでは困ります。このようなときに、強制的に税金を払わせたり、検診を受けさせたりするための手段が、行政上の強制措置です。

2 義務を果たしてもらおうか！
──行政上の強制執行──

Case 1

血税を使うのか？迷惑成金男の銅像問題

20XX 年 4 月 20 日、島根県 α 市で話題の迷惑 A 男銅像を取材してきた。この銅像は、α 市で建設会社を経営する A 男が、地元に貢献した自分の功績を誇示する目的で、α 市を走る県道上に建てた銅像だ。

島根県は、A 男に、道路法を根拠として「銅像を撤去しなさい」と命令しているが、A 男は「銅像は撤去しない。もし勝手に撤去するなら、費用は県がだせ！」と強気だ。こんな男のために税金が使われるのは納得できない。

県は、銅像を撤去し、A 男に銅像の撤去にかかった費用を

請求することはできるだろうか。

法治新聞記者　政行

Answer 1　島根県は、銅像を撤去し、A男に銅像の撤去にかかった費用を請求することができます。

(*1*)　強制の手段はいろいろある

　Case 1 のA男は、県の命令によって銅像を撤去する義務を負っているにもかかわらず、果たそうとしません。このような場合、島根県は、さまざまな方法で銅像を撤去させることができます。

　このように、義務が果たされた状態を強引につくりだすことを**行政上の強制執行**といいます。

（1）代わりに行うけれど、費用は払ってください — 代執行—

　国民は、法律などの規定や、行政庁の命令によって義務を負うことがあります。これらの義務のなかには他人が代わりにできるもの（代替的作為義務）もあります。たとえば、**Case 1** のA男は銅像を撤去する義務を負っていますが、銅像の撤去はA男でなくてもすることができます。そして、撤去するという義務を、行政庁や、行政庁の依頼を受けた第三者が代わりに果たし、かかった費用を請求するというしくみがあります。このしくみを**代執行**といい、**Case 1** ではこれを用いて、

A男にかかった費用を請求できます。

（2）財産を強制的に売り払うの?! ─強制徴収─

税金などのように、お金を払う義務を国民が負っているにもかかわらず、ある国民が払わない場合があります。

このような場合に、行政庁が義務者の財産を強制的に持って行って売り払い、払うはずだったお金に相当する額の財産を強制的に確保してしまうしくみを、**強制徴収**といいます。

たとえば、税金を滞納している人の家に踏み込み、家財道具以外で高価な物を持って行って売り払い、その代金を税金の支払にあてたり、銀行預金を差し押さえたりすることもあります。

（3）義務を果たさないならばその代わりに……─執行罰─

心理的なプレッシャーによって義務を果たさせるしくみもあります。たとえば、行政上の義務が果たされない義務者に、「義務を果たさないならば、一定のお金（過料）を支払いなさい」と通知します。すると、お金を払いたくない人は、義務を果たします。このように、心理的プレッシャーを与えることによって義務を果たしてもらおうとするしくみを、**執行罰**といいます。

罰という文字は使われていますが、後で説明する行政罰と違って刑罰ではありません。ですから、1つの義務違反に何回も過料を払わせても、憲法39条後段で禁止されている二重処罰にはあたりません。
①

憲法第39条
何人も、実行の時に適法であつた行為又は既に無罪とされた行為については、刑事上の責任を問はれない。又、同一の犯罪について、重ねて刑事上の責任を問はれない。

二重処罰については、ファーストトラック憲法第11章 人身の自由4（2）（6）を見よう！

⑵　強制執行のお作法

（1）強制執行をするには法律が必要！

行政機関に義務を負わされた者が義務を果たさないとき、行政庁は、これら3つの手段を、いつでも無条件に使うことができるのでしょうか。

ここで思い出してほしいのは、<u>法律留保の原則</u>です。国民の権利や自由を権力的に侵害する行政の行為については、法律の根拠が必要だという原則のことでした。強制執行は、国民の財産や身体などの権利を強制的に侵害する行政の行為です。そのため、行政機関が強制執行をするためには**法律の根拠**が必要になります。

第3章 行政の基本原理
1⑵ （2）を見よう！

（2）基本は代執行！

行政上の強制執行のうち代執行については、**行政代執行法**という法律があります。これは個別法ではなく一般法なので、これを法律上の根拠にすることで、行政は代執行を幅広い場面で行うことができます。ただし、一般法といっても、代執行ができる義務は代替的作為義務にかぎられています。

これに対して、その他の強制執行のしくみに関しては、どんな義務を履行させる場合にも使える一般的な根拠法規はありません。ですから、行政上の強制執行は、代執行を基本の手段として、その他の手段による強制執行は個別法に根拠となる定めがある場合にかぎって行うことができるというしくみになっています。

《復習 Word》
個別法とは、さまざまな分野ごとに定められている法律のことをいいます。

> **行政代執行法第2条**
> 法律（法律の委任に基く命令、規則及び条例を含む。以下同じ。）により直接に命ぜられ、又は法律に基き行政庁により命ぜられた行為（他人が代つてなすことのできる行為に限る。）について義務者がこれを履行しない場合、他の手段によつてその履行を確保することが困難であり、且つその不履行を放置することが著しく公益に反すると認められるときは、当該行政庁は、自ら義務者のなすべき行為をなし、又は第三者をしてこれをなさしめ、その費用を義務者から徴収することができる。

（3）**Case 1** で考えてみよう！

道路法71条1項1号は、道路管理者は、道路法に違反して道路の上に物を置いている人に、その物をどかすように命令ができるとしています。県道の管理権者である島根県は、A男に銅像の除却命令をだしたので、A男には銅像を撤去する義務があります。そして、道路に置いてある物をどかす義務は、だれかがA男に代わって果たすことができる義務です。

ですから、島根県は、<u>行政代執行法2条に基づく代執行を</u>

行うことができ、撤去にかかった費用をA男に対して請求することができます。

3 義務を果たさないとどうなるの？
─行政上の制裁─

(1) 将来的には義務を果たしてもらいます！

　行政上の制裁とは、行政に課された義務を果たさなかったことに対して、制裁として科される不利益のことをいいます。行政上の制裁は、大きくは**行政罰**とその他の制裁とに分けられます。

　行政上の強制執行と行政上の制裁は、行政上の義務を果たさせるという機能・目的をもっているという点では一緒です。

　しかし、行政上の強制執行は、義務が果たされた状態を直接的につくりだして、今果たされていない義務を果たさせるものであるのに対して、行政上の制裁は、義務を果たさないと制裁をするぞと脅すことで、将来において義務を果たさせるという機能をもっている点が違います。

(2) 刑罰を科されることもある！

　行政罰とは、行政に課された義務を果たさないことに対する制裁のことをいい、**行政刑罰**と**行政上の秩序罰**とに分けられます。

　行政刑罰は、行政上の義務を果たさなかったことに対して、拘禁刑のような、刑法典に書かれた刑罰を科すものです。刑罰ということからわかるように、行政刑罰は刑事訴訟法の手続に従って裁判所によって科されます。

　行政上の秩序罰は、行政刑罰の対象よりも軽い義務違反に対して過料を科すものです。

　行政罰のうち、行政刑罰については、<u>罪刑法定主義</u>との関係から法律の根拠が必要ですが、行政上の秩序罰は刑罰では

③ 過料とは、一定のお金を支払わせる金銭罰をいいます。

④ 罪刑法定主義とは、あらかじめ犯罪と刑罰が法律によって定められていなければ処罰されないことをいいます。
罪刑法定主義については、ファーストトラック刑法第1章 ようこそ刑法の世界へ】(3)を見よう！

ないため法律だけでなく条例によっても科すことができます。

(3) ほかにも制裁はいろいろ

行政上の制裁には行政罰以外にもさまざまな種類があります。そのなかで特に重要なのは、**公表**と**加算税**です。

（1）世間に言いふらすぞ！―公表―

公表とは、課された義務を果たさない、または行政指導に従わない人がいる場合に、その事実を広く明らかにすることをいいます。義務を果たしていないことが世間に知られてしまうというリスクをつくることで、義務を果たさせたり、行政指導に従わせたりするわけです。

では、制裁目的の公表をするためには、法律の根拠が必要でしょうか。

答えは、必要です。公表がされると、「あ

の人（あの会社）は、法律を守る意識に欠けていて、安全性や信用性に問題があるぞ」と義務を果たさなかった者の社会的な評価が落ちるおそれがあるからです。

（2）税金を払ってもらいます！―加算税―

加算税とは、納税義務者が期限までに収入の申告や納税をしない場合や、実際よりも少なく申告した場合に、その制裁として、もともと払うはずの税金とは別に、国が課す税金をいいます。

4 時間がないからすぐやるぞ！
―即時強制―

Case 2

怠惰な患者が病気を運ぶ?!

20XX 年 5 月 9 日、私は岡山県 β 市に取材に来た。β 市では、まったくやる気がでない症状を引き起こす新種の慢性五月病ウイルスが発見され、大さわぎになっている。慢性五月病ウイルスは空気感染するため、岡山県知事は、ウイルスの感染が確認された住民 B 男に、大学病院に入院するよう勧告を行っていた。

ところが、B 男は「病院に行くなんて面倒くさい。やる気がでない」と県知事の勧告を無視しているという。このままだと感染が拡大してしまう。

県知事は、B 男を強制的に入院させることはできるのだろうか。　　　　　　　　　　法治新聞記者　政行

Answer 2　岡山県知事は、B 男を強制的に入院させることができます。

(1) 即時強制のお作法

即時強制とは、行政機関が行政上の義務を課すという手順をふまずに、国民の身体または財産に強制を加えることをいいます。

たとえば、伝染病が流行しているときに、その伝染病にかかっていると疑われ

る人を拘束して、強制的に検診を受けさせることなどがこれにあたります。このような場合、国民に義務が課されていないので、行政上の義務があることを前提にする強制執行はできません。

　即時強制と行政上の強制執行との最大の違いは、行政機関が強制的な手段に踏み切る前に、強制の相手方に行政上の義務が課されているかいないかです。

　また、即時強制も、行政上の強制執行と同様に、国民の権利を侵害するものですから、法律の根拠が必要になります。

(2)　Case 2 で考えてみよう！

（1）勧告では義務は生じない？

　岡山県知事はB男に対して勧告をだしています。ですが、勧告は、従うか従わないかをB男が自由に自分の意思で決められる行政指導であり、B男に何かの行政上の義務を負わせるものではありません。

　ですから、県知事がB男を強制的に入院させるには即時強制という方法をとることになります。

⑤

> 勧告とは、ある事柄を申し出て、その申出に沿う行動をとるよう促す行為をいいます。

（2）法律の根拠はどこにあるの？

　即時強制には法律の根拠が必要でした。では、強制入院の根拠となる法律はあるのでしょうか。

　「感染症の予防及び感染症の患者に対する医療に関する法律」という法律があります。この19条3項に、知事は、病院に入院を勧めるという勧告に従わない感染症の患者を、適切な病院に入院させることができると定められています。

　ですから、岡山県知事は、この条文を根拠に、B男を強制的に入院させることができます。

プラスα文献
試験対策講座 4章5節
判例シリーズ 35事件、36事件

1	行政代執行法に基づく代執行の対象となる義務は、「法律」により直接に命じられ、または「法律」に基づき行政庁により命じられる代替的作為義務に限られる。　　　　　　　　　　（行書 R1-8 改題）	○ 2【1】(1)
2	執行罰は、義務の不履行に対して過料を科しその心理的圧迫により義務の履行を確保する手段であり、同一の義務の不履行に対して過料を繰り返し科すことは、<u>憲法に定める二重処罰の禁止に反するため許されない</u>。　　　　　　　　　　　　　　（都庁 20 年）	× 2【1】(3)
3	<u>義務の不履行があった場合、直接に義務者の身体や財産に実力を加えることを即時強制という</u>。　　　　　　　　　　（行書 H21-10）	× 4【1】
4	即時強制は、行政上の必要に基づき直接に私人の身体や財産に実力を加えて行政目的を達する手段であるが、この場合、行政上の義務の賦課行為を介在させず行われる。　　　　　　（国総合 H26 年）	○ 4【1】

Topics

放置自転車撤去は、なぜしてもいいの？

　　最近、都市生活者の間では自転車を道路脇に放置するのはいけないことだという考え方が広がりつつあります。あなたも、出来心で放置した自転車を撤去されてしまった経験があるかもしれません。

　　自転車の所有権は財産権（憲法 29 条 1 項）で守られていますし、それを奪うには第 3 章　行政の基本原理 1 **(2)**（2）でお話ししたように法律の根拠が必要です（法律留保の原則）。その法的根拠を調べもせず、撤去されても自業自得と受け入れてしまうのでは、行政法をせっかく学んだのにもったいない話です。なぜ自治体は自転車を撤去できるのか、法律のしくみをみてみましょう。

　　まず、道路についての法律を調べてみると、自治体などが放置自転車を移動できることを定めた**道路交通法 81 条 2 項**と**道路法 44 条の 3、67 条の 2** が見つかります。これらは、第 8 章　行政上の強制措置でお話しした**即時強制**の代表例として有名な条文です。ところが、これらの条文は要件がとても厳しいので、いつでも放置自転車に適用できるわけではありません。たとえば、道路法 44 条の 3 を根拠に移動することができるのは「**違法放置等物件**」ですが、自転車については「**廃棄された**」**ものにかぎる**という通達がでています。自転車を放置する人の多くはまた乗って帰るつもりでしょうから、廃棄されたとはいえません。そのため、この通達に従うと、原則的には移動対象にはなりません。

　　そこで、条例の出番です。今日、都市部にある自治体のほとんどが、放置された自転車を撤去・保管・処分する根拠となる条例をつくっています。そして、即時強制は条例を根拠に行うことも許されていますから、こうした条例に基づくかぎり適法に行えるのです。

　　たとえば、東京都新宿区の**新宿区自転車等の適正利用の推進及び自転車等駐輪場の整備に関する条例**では、自転車を放置することが禁止されている区域であれば、自転車をただちに撤去できる一方、その区域の外では警告後相当な期間が過ぎないかぎり、撤去はできないというしくみになっています。かりにあなたが新宿駅周辺で自転車を突然撤去され、そこが放置禁止区域の外だったとします。この撤去行為は、法律や条例に基づかずにあなたの財産権を制約するものですから、許されないことになるのです。

　　あなたも自分の町のルールを調べてみませんか？

行政手続法①申請に対する処分と不利益処分
──正しい手続なくして正しい処分なし

キ……ここは基本！
スデ……君ならできる！
：……できたらスゴイ！

《復習 Word》
申請とは、法令上、個人が行政庁に対して許可等を求め、行政庁が承諾するか拒否するか応答する必要があるものをいいます。

旅券法第 13 条　一般旅券の発給等の制限
1　外務大臣又は領事官は、一般旅券の発給又は渡航先の追加を受けようとする者が次の各号のいずれかに該当する場合には、一般旅券の発給又は渡航先の追加をしないことができる。
⑤　旅券若しくは渡航書を偽造し、又は旅券若しくは渡航書として偽造された文書を行使し、若しくはその未遂罪を犯し、刑法（略）の規定により刑に処せられた者

Case 1

ウキウキ！台湾旅行！のはずが……

20XX 年 6 月 12 日、私は千葉県 α 市に取材に来た。先日、大学 2 年生の A 男は、半年ほど交際している B 子と夏休みに台湾旅行に行くため、パスポートの申請を旅券事務所でしたそうだ。ところが、A 男の申請に対して、「旅券法 13 条 1 項 5 号に該当する」との理由だけが書かれた書面が交付されたという。
この外務大臣のパスポート発給拒否処分は適法なのだろうか。

法治新聞記者　政行

Answer 1　この外務大臣の一般旅券発給拒否処分は違法です。

1　お上が守るべきルール

(1)　行政手続法はなぜ必要？

たとえば、あなたが行政から違法な処分を受けた場合、あなたは裁判所に訴えることができます。裁判に勝つと、違法な処分は処分がされた時にさかのぼって効力を失うため、法的には、はじめから処分はなかったものとして扱われます。そうだとしても、現実には一度処分がされたのですから、実際問題として、以前の状態に完全に戻れるとはかぎりません。

Case 1 でも、Ａ男は裁判所に訴えれば、最終的にはパスポートをもらえるかもしれません。しかし、裁判に勝ったころには、きっと夏休みは終わってしまっているでしょうし、ひょっとしたら、夏休みに一緒に台湾旅行に行けなかったことが原因で愛想を尽かされ、Ｂ子にフラれてしまっているかもしれません。

このように、個人の権利や利益を守るには、後から訴訟を行うという手段だけでは限界があるのです。そこで、**行政活動を前もってコントロールするために**、行政手続法が必要とされています。

(2) 公正、透明が重要！―行政手続法の目的―

さまざまな行政の手続を前もってコントロールするための法律が、**行政手続法**です。行政手続法は、国民の権利や利益を守るために、行政運営の公正と透明性を図ることを目的としています（行手法１条１項）。

行政運営の公正とは、行政の意思決定の内容やそのプロセスが偏見に左右されたり、特定の利益に偏ったりすることがないことです。

行政運営の透明性とは、行政の意思決定の内容やそのプロセスが国民にとって明確であることです。

2 行政手続法の１つ目のキモ！
―申請に対する処分―

(1) 私たちの申請がスタート地点！

行政手続法は、申請に対する処分についての手続と不利益処分についての手続とを、別々に定めています。

申請に対する処分とは、国民の申請があったことを前提に、行政庁が許可、認可など（**許認可等**）を与えるか否かの応答をする処分のことをいいます。たとえば、**Case 1** では、パスポー

③ **行政手続法第１条　目的等**
1　この法律は、処分、行政指導及び届出に関する手続並びに命令等を定める手続に関し、共通する事項を定めることによって、行政運営における公正の確保と透明性（行政上の意思決定について、その内容及び過程が国民にとって明らかであることをいう。（略））の向上を図り、もって国民の権利利益の保護に資することを目的とする。

許可については、第5章 行政行為 4(1) を見よう！
《復習 Word》
認可とは、行政行為のひとつで、第三者の行為を補充してその法律上の効力を完成させる行為をいいます。たとえば、農地の所有権を移転するには、当事者間の契約だけではなく、農業委員会の許可が必要です。この農業委員会の許可は、学問上の分類では認可にあたります。

トを発給しないという処分がこれにあたります。パスポートを発給する処分でも同じです。

9-1 ●━━━━━━━━━━━━━━━━━━━━━━━━━━━━━

行政手続法	― 申請に対する処分（5条から11条まで）
	― 不利益処分（12条から31条まで）

━━━━━━━━━━━━━━━━━━━━━━━━━━━━━━●

(2)　許認可等をするかどうかの判断基準―審査基準―

行政庁は、申請により求められた許認可等をするかどうかを判断するための基準を定めなければなりません（行手法5条1項）。この基準を**審査基準**といいます。たとえば外務省は、パスポートの申請に対してどのような場合に許可し、どのような場合に許可しないかに関して審査基準を定めています。そして、この審査基準はできるかぎり具体的なものでなければなりません（行手法5条2項）。

また、行政庁は、原則として、申請の提出先とされている機関の事務所に備えつけるなどして、審査基準を見ることができるようにしておかなければなりません（行手法5条3項）。

このように、審査基準の設定・公表は**法的義務**であり、審査基準の設定・公表をしていなければ、申請に対する処分は違法です。3**(2)**の処分基準との違いに注意しましょう。

(3)　理由は提示しなきゃダメ！
（1）理由の提示がなければ違法？

行政庁は、申請により求められた許認可等を拒否する処分をする場合は、申請者に対し、同時に、**処分の理由**を示さなければなりません（行手法8条1項本文）。処分を書面でするときは、理由も書面で示さなければなりません（行手法8条2項）。

Case 1でいえば、A男にパスポートを発給しない場合は、なぜ発給しないのかという理由を書面に書かなければならないのです。

行政手続法第5条　審査基準
1　行政庁は、審査基準を定めるものとする。
2　行政庁は、審査基準を定めるに当たっては、許認可等の性質に照らしてできる限り具体的なものとしなければならない。
3　行政庁は、行政上特別の支障があるときを除き、法令により申請の提出先とされている機関の事務所における備付けその他の適当な方法により審査基準を公にしておかなければならない。

行政手続法第8条　理由の提示
1　行政庁は、申請により求められた許認可等を拒否する処分をする場合は、申請者に対し、同時に、当該処分の理由を示さなければならない。
（略）
2　前項本文に規定する処分を書面でするときは、同項の理由は、書面により示さなければならない。

（2）理由の提示ってどの程度必要？

　では、理由を示すとして、どのくらい詳しく示す必要があるのでしょうか。これについては、行政手続法には何も書いてありません。判例は、どのような事実関係があったために、どのような法規が適用されたのかが、その記載を読めばわかるものでなければならず、単に処分の根拠規定を示すだけでは十分でないとしています。そして、記載された理由が十分でない場合には、結局、行政手続法8条1項本文で求められている理由の提示がないこととされ、違法となります。

　Case 1 でいえば、パスポートの発給を拒否する処分の理由として、**旅券法13条1項5号に該当するとしか書いていません。** ですから、どのような事実関係があったために旅券法13条1項5号が適用されたのかが、その書面からはわかりません。そのため、**Case 1** の外務大臣のパスポート発給拒否処分は違法です。

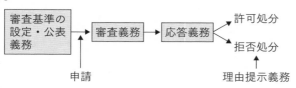

9-2 ●

3 行政手続法の2つ目のキモ！
─不利益処分─

Case 2

1デシリットルの涙

20XX年7月30日、私は再び千葉県α市に取材に行った。A男は、台湾旅行に行けずにご機嫌ななめのB子の機嫌を取り戻そうと、東京湾アクアラインをドライブするデ

ートを企画した。その綿密な計画を立てている矢先に、千葉県公安委員会は、A男に前もってコンタクトをとることもなく、交通違反を理由として、A男の運転免許を取り消したのだという。そのため、A男はドライブデートに行けなくなってしまった。A男は、繰り返される行政機関からの仕打ちに「なぜ自分ばっかり」と号泣し始めてしまった。

この千葉県公安委員会の運転免許取消処分は適法なのだろうか。　　　　　　　　　　法治新聞記者　政行

Answer 2　この運転免許取消処分は違法です。

(1)　私たちの申請がなくても処分される！

　今までは、申請に対する処分についての手続をお話ししてきました。ここからは、不利益処分についての手続になります。

　不利益処分とは、行政庁が、法令に基づいて、直接に義務を課し、またはその権利を制限する処分をいいます。たとえば、運転免許の一部停止や取消しがこれにあたります。申請に対する処分とは違って、申請がなくても処分がされます。

(2)　不利益処分をするかどうかの判断基準！
　　　　―処分基準―

　処分基準とは、不利益処分をするかどうか、またはどのような不利益処分をするかについて判断するための基準です。

　行政庁は、処分基準を定め、これを見ることができるよう努めなければなりません（行手法12条1項）。「努め」とあるので、これは**努力義務**といわれています。努力義務ということは、かりに処分基準の設定・公表ができなくても、違法ではないということです。2(2)の審査基準が法的義務であるの

行政手続法第12条　処分の基準
1　行政庁は、処分基準を定め、かつ、これを公にしておくよう努めなければならない。

に対して処分基準が努力義務なのは、処分基準のほうが基準
をつくるのが難しいからです。

つまり、申請に対する処分は、定型的な申請に対する応答
にすぎず、処分するかどうかを判断するうえで考慮する要素
がかぎられているので、簡単に基準をつくることができます。
これに対して、不利益処分は、世に無数にある個別の案件を
具体的に判断して、処分をするかどうかを定めなければなら
ないため、基準をつくることが難しいのです。

(3)　不利益処分の手続ってどうなっているの？

（1）理由の提示は申請に対する処分と同じ

行政庁は、申請に対する処分をする場合と同様に、不利益
処分をする場合にも理由を示さなければなりません（行手法
14条1項本文）。また、処分を書面でするときは、理由の提示も
書面でしなければなりません（行手法14条3項）。

（2）不利益処分に特有の手続

不利益処分をする場合には、不利益処分を受ける人が意見
を述べることができるよう、原則として、①聴聞、②弁明の
機会の付与、のどちらかの手続をとらなければなりません（行
手法13条1項）。そして、許認可等を取り消すときや、処分を
受ける人の資格または地位を直接に奪うときなどの場合は、
①聴聞の手続をとり（行手法13条1項1号）、それ以外の場合に、
②弁明の機会の付与の手続をとることになります（行手法13
条1項2号）。

Case 2 でいえば、運転免許取消処分は、許可を取り消す不
利益処分ですから、処分をする際には聴聞の手続が必要にな
ります。

(4)　重大な不利益処分をするときは、聴聞

このように聴聞は、許認可を取り消したり、資格または地
位を直接に奪ったりするなど、特に重大な不利益処分をする

8 聴聞とは、行政庁と処分の相手方が、口頭でのやりとりをする手続をいいます。処分の相手方は、行政庁に直接処分についての意見を述べたり、処分について質問したりすることができます。

9 弁明の機会の付与とは、行政庁と処分の相手方が、原則として書面でやりとりをする手続をいいます。処分の相手方は、処分についての意見を書面にすることで、行政庁に意見を伝えることができます。

10 **行政手続法第13条　不利益処分をしようとする場合の手続**
1　行政庁は、不利益処分をしようとする場合には、次の各号の区分に従い、この章の定めるところにより、当該不利益処分の名あて人となるべき者について、当該各号に定める意見陳述のための手続を執らなければならない。
①　次のいずれかに該当するとき　聴聞
イ　許認可等を取り消す不利益処分をしようとするとき。
ロ　イに規定するもののほか、名あて人の資格又は地位を直接にはく奪する不利益処分をしようとするとき。（略）
②　前号イからニまでのいずれにも該当しないとき　弁明の機会の付与

ときにとられる手続です。聴聞では、当事者や参加人は口頭
により意見を述べ、証拠書類などを提出し、行政庁の職員に
質問をすることができます（行手法 20 条 2 項）。

聴聞手続は、次の図 9-3 のような流れで行われます。

9-3

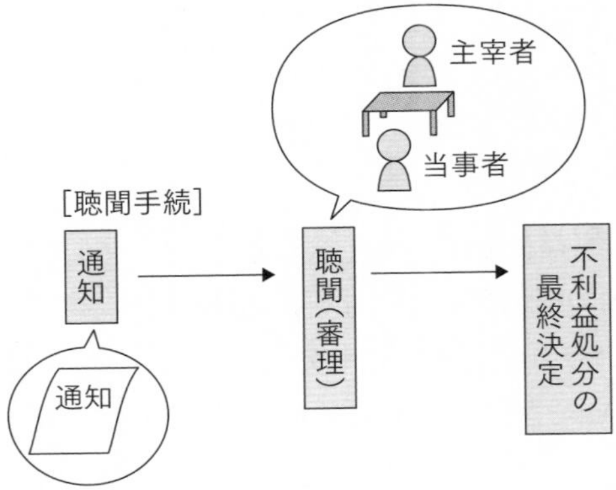

聴聞は、行政庁の職員などが主宰します（行手法 19 条 1 項）。
この行政庁の職員を主宰者といいます。主宰者は、聴聞の調
書と報告書をつくって行政庁に提出します（行手法 24 条 1 項か
ら 3 項まで）。そして、行政庁は、この調書の内容と報告書の意
見を十分に参酌しなければなりません（行手法 26 条）。

Case 2 では、千葉県公安委員会は、A 男に対する通知や聴
聞をすることなく、いきなり運転免許取消処分という特に重
大な不利益処分の最終決定をしてしまっています。そのため、
この運転免許取消処分は、行政手続法 13 条 1 項 1 号に違反す
るので、違法です。

(5) 重大でなければ、弁明の機会の付与

弁明の機会の付与は、聴聞手続をとるべき不利益処分以外
の不利益処分についてとられる手続です。行政庁が口頭です
ることを認めたときを除き、書面によって行われます（行手法
29 条 1 項）。

参加人とは、当事者以
外の人のうち、その不
利益処分に利害関係が
あって、かつ、聴聞に
参加することを主宰者
に許可された人のこと
をいいます。

主宰とは、人々の中心
となって指導したり、
全体をとりまとめたり
することをいいます。

参酌とは、比較参照す
べき一定の事情、条件
等を考慮に入れて、判
断することをいいま
す。条文や判決文でよ
く使われる言葉なので
理解しておきましょ
う。

　聴聞は、主宰者が不利益処分を受ける人に直接会うのに対して、弁明の機会の付与は、原則として、行政庁と不利益処分を受ける人が書面でやり取りをするだけです。弁明の機会の付与は、不利益の程度が小さい不利益処分のためにとられる手続なので、このように聴聞より簡単な手続になっているのです。

プラスα文献
試験対策講座 5章2節
判例シリーズ 28事件、37〜41事件

第9章 Exercise

1	行政手続法は、行政運営における公正の確保と透明性の向上を図り、もって国民の権利利益の保護に資することを目的とする。 (行書 H21-12)	○ 1
2	行政手続法は、処分に関する手続について、申請に対する処分と不利益処分に区分し、それぞれについてその手続を規定している。 (国Ⅱ H21 年)	○ 2【1】
3	行政庁は、申請に対する拒否処分及び不利益処分のいずれの場合においても、これを書面でするときは、当該処分の理由を書面で示さなければならない。 (行書 H23-11)	○ 2【3】(1)、3【3】(1)
4	不利益処分とは、行政庁が、法令に基づき、特定の者を名宛人として、直接に、これに義務を課し、又は申請を拒否する処分をいう。 (行書 H23-13 改題)	× 3【1】
5	行政機関は、不利益処分について処分基準を定め、かつ、これを公にしておくよう努めなければならない。 (行書 H23-12)	○ 3【2】
6	行政手続法は、不利益処分を行うに当たって弁明の機会を付与する場合を列挙し、それら列挙する場合に該当しないときには聴聞を行うものと規定しているが、弁明の機会を付与すべき場合であっても、行政庁の裁量で聴聞を行うことができる。 (行書 H25-11)	× 3【3】(2)

第10章

行政手続法②行政指導・届出・意見公募手続・適用除外——行政手続は、いつも清く正しく美しく！

1 行政指導も正しいルールで！

キ……ここは基本！
スデ…君ならできる！
…… できたらスゴイ！

Case

餃子王国の危機！

20XX 年 8 月 8 日、私は栃木県α町に取材に来た。先日、β市内において、シューマイを食べた住民が次々と下痢や嘔吐などの症状を訴える集団食中毒事件が発生した。β市の発表によると、シューマイの具である豚肉を精製する A 工場の不衛生が原因で、豚肉に細菌が混入していたことが判明したそうだ。

α町内で冷凍餃子を製造・販売している B 社は、A 工場で精製された豚肉を使用し、餃子の具として利用していた。そこで所管する国の機関γは、B 社に対し、A 工場から納品された豚肉を利用した冷凍餃子の製造・販売を自主的に中止するよう口頭で指導した（行政指導①）。これに対して B 社は、「餃子の製造・販売の中止はわが社の存続に関わる重大な問題であるから、行政指導の内容を正確に知りたい。書面で説明してほしい」と言って、行政指導の内容や責任者が書いてある書面を求めたそうだ。しかし、γは、冷凍餃子の製造・販売をただちに中止するよう、引き続き口頭によって行政指導をしている（行政指導②）。

このγの行政指導① ②は適法なのだろうか。

法治新聞記者　政行

Answer このγの行政指導①は適法ですが、②は違法です。

(1) 行政指導ってなんだったかな？

行政指導とは、行政機関が、ある行政目的のために、特定の者に何かをすることや、逆に、しないことを求める指導、勧告、助言などのことをいいます（行手法2条6号）。

ここでは、行政手続法が定めている行政指導の手続についてみていきましょう。

行政指導については、第7章 非権力的な行為形式3を見よう！

(2) 行政指導は口頭でも書面でもOK！

行政指導は、口頭でも書面でも行うことができます。ですから、**Case**でいえば、γの行政指導①は適法です。

行政指導をする人は、その相手方に対して、行政指導の趣旨と内容、責任者を明確に示さなければなりません（行手法35条1項）。そして、行政指導が口頭でされた場合に、相手方からこれらを書いた書面の交付を求められれば、原則として、交付しなければなりません（行手法35条3項）。

Caseでいえば、B社はγに対して書面を求めているため、γはB社に対して行政指導の趣旨や内容などを書いた書面を交付しなければいけません。それにもかかわらず、γはその書面を交付することなく、引き続き口頭で行政指導をしています。そのため、γの行政指導②は、**行政手続法35条3項に違反している**ということになります。

> **行政手続法第35条**
> **行政指導の方式**
> 1 行政指導に携わる者は、その相手方に対して、当該行政指導の趣旨及び内容並びに責任者を明確に示さなければならない。
> 3 行政指導が口頭でされた場合において、その相手方から前2項に規定する事項を記載した書面の交付を求められたときは、当該行政指導に携わる者は、行政上特別の支障がない限り、これを交付しなければならない。

(3) 同じ目的で指導するなら指針を公表

同一の行政目的を実現するため、複数の者に対し行政指導をしようとする場合があります。この場合、行政機関は、あらかじめ、それらの行政指導に共通する事項（行政指導指針）を定め、行政上特別の支障がないかぎり、これを公表しなければなりません（行手法36条）。

(4)　行政機関に中止を求めることもできる！

　法令違反行為を正すように求める行政指導を受けた相手方
は、行政指導の根拠となっている法律の要件がみたされてい
ないと思うときは、行政指導をした行政機関に対し、**行政指
導の中止などを求める**ことができます（行手法 36 条の 2 第 1 項
本文）。中止などを求める申出をするためには、申出書を提出
しなければなりません（行手法 36 条の 2 第 2 項）。

10-1 ●

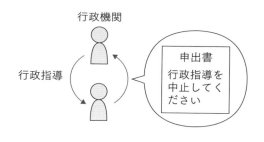

2 法令違反を処分してください！

　法令違反事実がある場合に、それを正すためにされるべき
処分や行政指導がされていないと思うときは、その処分や行
政指導をする権限がある行政機関に対し、**処分や行政指導を
すること求める**ことができます（行手法 36 条の 3 第 1 項）。処
分や行政指導を求める申出をするためには、申出書を提出し
なければなりません（行手法 36 条の 3 第 2 項）。

3 不受理なんて許されません！
　―届出―

　行政庁に通知する行為のうち、申請以外のもので、法令で
通知が義務づけられているものを**届出**といいます。行政庁の

Yes か No の応答が予定されていない点で、申請とは違います。

かつては、届出に対して、行政庁が受理を拒否したり、書類を返したりすることで、事実上届出をさせないようにすることがありました。そこで、行政手続法はそのようなことをできなくするために、適切な届出が行政庁の事務所に到達したときには、届出をする義務は履行されたことになるとしています（行手法 37 条）。

10-2 •

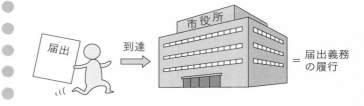

４ 全員参加で考えよう！

(1) だれでも意見をだせるんです！

命令等を定める機関（命令等制定機関）は、命令等を定めようとするときには、その命令等の案とそれに関連する資料をあらかじめ公示して、意見の提出先と提出期間を定めて、広くみんなの意見を求めなければなりません（行手法 39 条 1 項）。

命令等とは、内閣または行政機関が定めるもので、①法律に基づく法規命令または行政規則、②審査基準、③処分基準、④行政指導指針をいいます。

意見の提出には特別な制限はなく、だれでも意見を提出することができます。

(2) 意見をだすにはどうやるの？

意見の提出期間は、原則として、命令等の案が公示された

日から 30 日以上でなければなりません (行手法 39 条 3 項)。ただし、やむをえない理由があるときは、公示のときにその理由を明らかにすれば、30 日を下回る期間が定められます (行手法 40 条 1 項)。

命令等制定機関は、提出された意見 (提出意見) を十分に考慮しなければなりません (行手法 42 条)。命令等を定めたときは、提出意見があった場合はその内容を、提出意見がなかった場合は提出意見がなかったことを公示しなければなりません。さらに、提出意見を考慮した結果やその理由も公示する必要があります (行手法 43 条 1 項)。

10-3 ●

　①命令等の案の公示
　　　　↓
　②意見公募 (原則 30 日以上)
　　　　↓
　③意見の考慮
　　　　↓
　④提出意見や考慮結果の公示

5 行政手続法が適用されない聖域？

(1) その名も適用除外

行政手続法は、行政手続についてのルールを定めるだけではなく、例外的に行政手続法が適用されない場合についても定めています。これを適用除外といいます。

たとえば、国会の議決や、裁判所の裁判、刑事事件で検察官や警察官がする処分には行政手続法は適用されません。

(2) 特に重要な適用除外

行政手続法 3 条 3 項の適用除外は特に重要なので、今のうちから理解しておきましょう。

---

② **行政手続法第 3 条　適用除外**
3　第 1 項各号及び前項各号に掲げるもののほか、地方公共団体の機関がする処分 (その根拠となる規定が条例又は規則に置かれているものに限る。) 及び行政指導、地方公共団体の機関に対する届出 (前条第 7 号の通知の根拠となる規定が条例又は規則に置かれているものに限る。) 並びに地方公共団体の機関が命令等を定める行為については、次章から第 6 章までの規定は、適用しない。

地方公共団体の機関がする処分と、地方公共団体の機関に対する届出については、その**根拠が条例または規則にあるもの**は、適用除外となり、行政手続法は適用されません。反対に、その根拠が法律または命令にあるものは、適用除外とはならず、行政手続法が適用されます。

　地方公共団体の機関がする行政指導や、地方公共団体の機関が命令等を定める行為については、すべて適用除外となり、行政手続法は適用されません。

地方公共団体の行為等の適用除外

処　分	法令を根拠とするもの	適用の対象となる
	条例・規則を根拠とするもの	適用の対象とならない
行政指導	すべて	適用の対象とならない
届　出	法令を根拠とするもの	適用の対象となる
	条例・規則を根拠とするもの	適用の対象とならない
命令等	すべて	適用の対象とならない

　これらの定めは、地方自治の尊重の立場から設けられたものです。そのため、地方公共団体の行政手続については、行政手続法が適用されない代わりに、各地方公共団体が独自に行政手続条例を定めています。ただし、現実には行政手続法とほぼ同じ内容の行政手続条例も多いようです。

　ちなみに、もし今回の **Case** において行政指導を行ったのが栃木県のある機関であったとしたら、行政手続法の適用はありません。栃木県に同じような条例がある場合は、それが適用されます。

プラスα文献
試験対策講座 5 章 2 節

1	行政指導とは、行政機関がその任務または所掌事務の範囲内において一定の行政目的を実現するため特定<u>または不特定</u>の者に一定の作為または不作為を求める指導、勧告、助言その他の行為であって処分に該当しないものをいう。　　　　　　（行書 H23-13 改題）	× 1【1】
2	法令に基づき、自己に対して何らかの利益を付与する行政庁の応答を求める行為は、<u>行政手続法上の届出に含まれる。</u>　　（行書 H20-13）	× 3
3	意見公募手続の対象となる命令等は、<u>外部に対して法的拘束力を有するものに限られる</u>から、行政処分の基準は含まれるが、<u>行政指導の指針は含まれない。</u>　　　　　　　　　　　　　　（行書 H24-12）	× 4【1】
4	意見公募手続において意見を提出できる者については、特段の制限はなく、命令等との利害関係などとは関わりなく、何人でも意見を提出できる。　　　　　　　　　　　　　　　　　　（行書 H22-11）	○ 4【1】
5	意見提出の期間は行政手続法で法定されており、<u>これを下回る期間を定めることは認められていない。</u>　　　　　　（行書 H22-11）	× 4【2】
6	地方公共団体の機関が行う処分のうち、その根拠となる規定が条例または地方公共団体の規則におかれているものについては、行政手続法に定める手続は適用されない。　　　　　　　　（国Ⅱ H21 年）	○ 5【2】

情報公開法 ──その情報、教えてください！

キ……ここは基本！
スデ……君ならできる！
……できたらスゴイ！

1 情報はみんなの財産！

　行政機関は行政目的を実現するためにさまざまな情報を収集・管理していますが、行政機関は主権者である国民の委託を受けて活動するものなので、行政機関がもっている情報は、基本的には国民の共有財産です。

　ですから、行政機関は、収集・管理している情報を行政目的の達成のために適切に利用するだけでなく、秘密にすべきもの以外は、広く公開して利用できるようにすべきです。

　そこで、わが国では行政機関の保有する情報の公開に関する法律を制定しました。この章では、情報公開法と略します。

2 国は説明・公開しなきゃダメ！
─情報公開法の目的─

① 　情報公開法の1条を見てください。情報公開法は、国民が行政文書の開示を請求する権利を認め、公正で民主的な行政を推進することを目的としていることがわかります。

3 何を公開してもらえるの？
─開示請求の対象─

(1)　地方公共団体は別ルート！─対象機関─

　情報公開法によれば、原則として国の行政機関はすべて開示請求の対象機関になります。一方、行政機関でない国会や裁判所はもちろんですが、地方公共団体がもっている行政文

情報公開法第1条　目的
この法律は、国民主権の理念にのっとり、行政文書の開示を請求する権利につき定めること等により、行政機関の保有する情報の一層の公開を図り、もって政府の有するその諸活動を国民に説明する責務が全うされるようにするとともに、国民の的確な理解と批判の下にある公正で民主的な行政の推進に資することを目的とする。

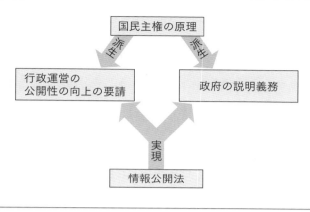

書の開示請求は、情報公開法によってはできません。その代わり、地方公共団体は、情報公開するための計画を定めて、実施するように努力しなければなりません（情報公開法 25 条）。その結果、地方公共団体には情報公開法に代わって、よく似た内容である情報公開条例が定められています。

(2)　紙もデータもオープンに！―行政文書の範囲―

　情報公開法 3 条は、情報公開によって公開される情報を、行政文書と表現しています。

　行政文書とは、行政機関の職員が仕事中に作成したか、あるいは仕事中に手に入った文書・図表や絵・データで、組織的に用いるものとして行政機関がもっているもののことをい

11-2 ●

全部開示対象！

文書　　　　　　写真　　　　　　DVD

② **情報公開法第 25 条　地方公共団体の情報公開**
地方公共団体は、この法律の趣旨にのっとり、その保有する情報の公開に関し必要な施策を策定し、及びこれを実施するよう努めなければならない。

③ **情報公開法第 3 条　開示請求権**
何人も、この法律の定めるところにより、行政機関の長（略）に対し、当該行政機関の保有する行政文書の開示を請求することができる。

います。

「組織的に用いる」というのは、行政文書が、その行政文書を作成したか、手に入ったかした職員だけに使われるのではなく、行政機関全体で使われるようになったことをいいます。

ですから、行政機関に勤める職員が、自分だけで見るために作成した仕事に必要な情報を書いたメモは、行政文書にあたりません。

(3)　だれでも OK！理由も言わなくて OK！
―開示請求権者と開示目的―

情報公開法は、「何人も」行政機関の長に対して、行政機関の保有する行政文書の開示請求をすることができるとしています（情報公開法 3 条）。「何人も」という言葉からわかるように、開示請求できる者を限定していません。法人や外国人も開示請求ができます。また、情報公開法は開示請求をする理由や開示した情報を利用する目的を限定していません。

ですから、「そういえば隣町に新しくできた公園に使われた市の予算っていくらなんだろう」というような利害関係があるのかよくわからない場合でも情報開示請求はできます。

4 どんな情報も開示できるの？
―開示・不開示の決定―

Case

国家機密!?　隠された情報

20XX 年 9 月 5 日、私は東京都に取材に来た。経済誌で日本屈指の資産家として名前をあげられていた A 氏に脱税の疑いがあるという噂を聞いたため、資料を集めて記事にすることにした。

国税庁に情報開示を求める前に、知り合いの弁護士に聞いたところ、特定個人の脱税の調査情報が書かれた文書などは、公にしないことになっているらしい。

しかし、われわれ国民から税金を集めて調査活動を行っているのだから、国民には調査情報について知る権利があるはずだ。

A氏に関する調査情報について少しでも開示してもらえないだろうか。　　　　　　　　法治新聞記者　政行

Answer　　A氏に関する調査情報について開示してもらうことはできません。

(*1*)　基本はオープン！―開示義務の原則―

　情報公開法では、開示を求められた行政文書に5条各号に定められた情報（不開示情報）が書かれていないかぎり、原則として、開示請求を受けた行政機関の長は行政文書を開示しなければならないとして、**開示義務の原則**を定めています。

(*2*)　それだけは内緒！―不開示情報―

　情報公開法は、開示義務の原則の例外として、5条各号に不開示情報を定めています。不開示情報とは、文字どおり開示しない情報のことです。

　不開示情報のなかでも代表的なものをみていきましょう。

（1）プライバシーは守って！―個人に関する情報―

　情報公開によって、国民がもっているプライバシー等の利益が侵されてはいけません。そこで、情報公開法は、公開することでだれのことなのかがわかってしまう情報を、不開示情報としています（情報公開法5条1号）。

（2）オープンにしたら大ごとに！―国の安全等に関する情報―

　日本の防衛技術がもつ弱点を報告する文書や、外国大使との非公開の会談を記録した文書があったとしましょう。その

ような文書が情報公開の対象になり、世間に出回るようになれば、テロリストが防衛の穴を知って日本の安全が脅かされたり、日本の外交における信頼がなくなったりしてしまいます。

このように、公にすることによって①国の安全が害されるおそれ、②他国もしくは国際機関との信頼関係が損なわれるおそれ、③他国もしくは国際機関との交渉上不利益を被るおそれのある情報も不開示情報です（情報公開法5条3号）。

（3）捜査情報は流せません！―公共の安全に関する情報―

たとえば、ある詐欺グループに対する捜査情報を記載した文書があるとしましょう。このような文書を公開してしまえば、詐欺グループは証拠を隠したり逃亡したりしてしまい、捜査に多大な支障が生じてしまいます。

そこで、犯罪の予防や捜査など、公共の安全と秩序の維持に支障を及ぼすおそれのある情報も不開示情報です（情報公開法5条4号）。

(3) 開示は全部してもらえるの？

（1）基本はフルオープン！―全部開示―

原則として、行政機関の長は情報公開の請求があった日から30日以内に、請求された情報を開示するかしないかを決定しなければなりません（情報公開法10条1項）。④

決定には、全部開示決定、一部開示決定、不開示決定の3種類がありますが、基本は全部開示決定です。

（2）ちょっとでもお知らせしたい！―部分開示―

開示請求がされた文書の一部に不開示情報が記録されている場合、不開示情報が記録された部分を簡単に取り除くことができるときには、行政機関の長は、不開示情報を記録した部分を除いて公開しなければいけません。これが部分開示です。

情報公開法第10条 開示決定等の期限
1　前条各項の決定（以下「開示決定等」という。）は、開示請求があった日から30日以内にしなければならない。（略）

(4) 不開示情報の取扱い？

(1) 生命・健康等のためなら開示します！

—不開示情報の例外—

　不開示情報にあてはまる情報が書かれた文書は、常に開示しないわけではありません。個人情報等は、人の生命・健康・生活または財産を保護するために、公表する必要があれば、開示をすることができます。

(2) 行政機関の長が「特別に許そう」—裁量的開示—

　不開示情報が記録されている行政文書は、例外にあたらないかぎり、不開示決定が行われます。しかし、行政文書に不開示情報がある場合でも、行政機関の長が、その文書が公開されることが**公益上特に必要である**と判断したならば、例外的に開示することができます。

　行政機関の長の判断で開示するかどうかを決められるので、これを裁量的開示といいます（情報公開法7条）。⑤

(3) あるかないかも内緒です！—文書の存否に関する情報—

　たとえば、ある人の医療カルテを開示してくれという請求があった場合に「カルテはありますが、情報公開法5条1号により開示できません」と返答してしまうと、少なくともその人に治療歴があるという不開示情報が請求者にわかってしまいます。

　このように、文書があるかないかを答えるだけで、不開示情報を開示したことになる場合には、行政機関の長はその**文書があるかないかを明らかにせずに不開示決定ができます**（情報公開法8条）。⑥

(5) Case で考えてみよう！

　政行は、国税庁に、A氏に対する税務調査について記載された文書の開示を請求するのですが、かりにそのような調査について記載された文書があるとすれば、その情報は、個人に関する情報であるため、情報公開法5条1号の不開示情報

⑤ **情報公開法第7条　公益上の理由による裁量的開示**

行政機関の長は、開示請求に係る行政文書に不開示情報が記録されている場合であっても、公益上特に必要があると認めるときは、開示請求者に対し、当該行政文書を開示することができる。

⑥ **情報公開法第8条　行政文書の存否に関する情報**

開示請求に対し、当該開示請求に係る行政文書が存在しているか否かを答えるだけで、不開示情報を開示することとなるときは、行政機関の長は、当該行政文書の存否を明らかにしないで、当該開示請求を拒否することができる。

にあたります。

　ですから、国税庁長官はA氏に対する税務調査の情報を記載した文書の開示を拒否できます。

5 不開示が決まるともう打つ手は ないの？—不開示決定に対する 救済手続 —

　不開示決定を受けてしまった請求者は、情報を公開してもらうためにどんな手段を採ることができるのでしょうか。

　この場合、請求者は、公開請求した行政機関の上級行政機関に審査請求をすることができます。また、不開示決定に対する取消訴訟を起こすこともできます。

　審査請求については、第14章 行政不服申立て②教示・執行停止制度などで、取消訴訟については、第15章 訴訟要件①処分性から第18章 取消訴訟の審理・訴訟の終了まででお話ししますので、今はこのような手段があることだけを知っておきましょう。

プラスα文献
試験対策講座 5章3節
判例シリーズ 9事件、10事件

第11章 Exercise

1	日本に居住する外国人は、行政機関の長に対し、当該行政機関の保有する行政文書の開示を請求することができるが、<u>外国に居住する外国人はその開示を請求することができない</u>。 （特別区 H20 年改題）	× 3【3】
2	行政機関の長は、不開示情報が記録されている場合であっても、公益上特に必要があると認められるときは、当該文書を開示することができる。 （地方上級 H28 年）	○ 4【4】(2)
3	開示請求に対し、当該開示請求にかかる文書が存在しているか否かを答えるだけで、不開示情報を開示することとなるときは、行政機関の長は、当該行政文書の存否を明らかにしないで、当該開示請求を拒否することができる。 （特別区 H20 年）	○ 4【4】(3)

個人情報保護法——大事な情報、大事に扱って！

キ……ここは基本！
ステ……君ならできる！
……できたらスゴイ！

1 あなたのプライバシーは大丈夫？
── 個人情報保護法制 ──

　私たちは、日常生活のさまざまな場所で自分の個人情報を他者に提供しています。たとえば、民間事業のサービスを利用するために住所・氏名といった情報を提供したり、病院での治療歴などの情報を行政機関に取得・管理・利用されたりしています。

①　民間事業者が保有しているにせよ行政機関が保有しているにせよ、個人情報は他人に好き勝手に取得・管理・利用されてはならない大切な情報です。まして今日では、デジタル社会の進展に伴い、個人情報がとめどなく取得・管理・利用されてしまうリスクが増大しています。そこで、私たちの個人情報が、他者による取得・管理・利用によって不当に侵害されないために、個人情報を保護する制度があるのです。

　この章では、個人情報保護のための制度の種類や目的、おおまかな内容をみていきましょう。

民間事業とは、私人がお金を出資して営まれる営利目的の団体のことをいいます。株式会社などがその具体例です。

2 正しい個人情報を守れ！

リサイクルショップなど、古物営業法の許可を受けて一度使用された物品等の売買や交換等の営業を営む者が古物商です。

②

Case
　登録されているのは別人？古物商ファイルの怪
20XX 年 11 月 24 日、私が富山県α市の有名古物商の店主であるA男に取材に行ったときのことだ。

店の前まで来ると、A男が困惑した様子でだれかに電話
しているのを目撃したため、何があったのか聞いてみた。
どうやら、富山県公安委員会が保有している古物商の個
人情報ファイルで、A男がB男と誤って書かれているこ
とに気づいたそうだ。A男は、すみやかに訂正してほしい
と思っている。
A男は情報の訂正をするよう求めることができるのだろ
うか。　　　　　　　　　　　　　　法治新聞記者　政行

Answer　A男は、富山県公安委員会委員長に対し、情報
の訂正をするよう求めることができます。

(1) 個人情報保護法のキホン

(1) 個人情報保護法の目的

　現代では、デジタル社会の進展に伴い、個人情報がとめど
なく取得・管理・利用されてしまうリスクが増えています。
このような時代において、個人情報の保護に関する法律は、
行政の適正かつ円滑な運営を図り、ならびに個人情報の有用
性に配慮しつつ、個人の権利利益を保護することを目的とし
ています（個人情報保護法1条）。

(2) 個人情報って？

　個人情報保護法における**個人情報**とは、**生存する個人に関す
る情報であって、特定の個人を識別することができるものや個
人識別符号が含まれるもの**のことです（個人情報保護法2条1項）。

　たとえば、**Case** の個人情報ファイルに書かれているA男
の氏名や営業を行う場所などの情報があれば、その情報に対
応する人間は日本に1人しかいないわけですから、特定の個
人を識別できるものといえ、個人情報にあたります。

　また、たとえばメールアドレスは日常生活で頻繁に提供す
るような情報ですが、ユーザー名やドメイン名から個人を特
定できる場合や、他の情報と容易に照合することで個人を特

③ 古物営業法3条で営業許
可を得た古物商の情報
は、都道府県の公安委員
会が保有しています。

④ 個人情報の有用性と
は、個人情報の、社会
や本人のために役に立
つ性質のことをいいま
す。たとえば、汚職報
道などにおいて国民の
知る権利の実現に役立
つ場合や、ダイレクト
メールの発送などにお
いて円滑なビジネス活
動の実現に役立つ場合
などがあります。

⑤ **個人情報保護法第1条
目的**
この法律は、デジタル社
会の進展に伴い個人情報
の利用が著しく拡大して
いることに鑑み、個人情
報の適正な取扱いに関
し、基本理念及び政府に
よる基本方針の作成その
他の個人情報の保護に関
する施策の基本となる事
項を定め、国及び地方公
共団体の責務等を明らか
にし、個人情報を取り扱
う事業者及び行政機関等
についてこれらの特性に
応じて遵守すべき義務等
を定めるとともに、個人
情報保護委員会を設置す

ることにより、行政機関等の事務及び事業の適正かつ円滑な運営を図り、並びに個人情報の適正かつ効果的な活用が新たな産業の創出並びに活力ある経済社会及び豊かな国民生活の実現に資するものであることその他の個人情報の有用性に配慮しつつ、個人の権利利益を保護することを目的とする。

定できる場合には、個人情報に含まれます。

(2) 情報を握る民間事業者にはどんな責任？

（1）個人情報保護法の適用範囲

　個人情報を検索しやすいように整頓してまとめたものを個人情報データベース等といいます（個人情報保護法16条1項）。そして、個人情報データベース等を事業用に扱っている者で、国の機関等でない者を、個人情報取扱事業者といい（個人情報保護法16条2項）、個人情報保護法の規制に服することとなります。

（2）目的で縛ろう！

　個人情報取扱事業者は、個人情報を取り扱うにあたり、できるかぎり、その利用目的を特定しなければならず、また、利用目的の変更には制限があります（個人情報保護法17条）。

（3）取得も利用も慎重に！

　個人情報取扱事業者は、個人情報を取得するにあたっては、適正な手段によらなければなりません（個人情報保護法20条1項）。また、個人情報を取得した場合には、原則として、すみやかに利用目的を本人に通知するか、または公表する必要があります。

　本人の同意なく、利用目的の達成に必要な範囲を超えて個人情報を取り扱ってはいけません（個人情報保護法18条1項）し、もちろん不適正な利用も禁じられています（個人情報保護法19条）。

（4）正確かつ安全な管理を！

個人データとは、個人情報データベース等を構成する個人情報のことをいいます（個人情報保護法16条3項）。

　個人情報取扱事業者は、利用目的の達成に必要な範囲内において、個人データを正確かつ最新の内容に保つとともに、利用する必要がなくなったときは、その個人データを遅滞なく消去するよう努めなければなりません（個人情報保護法22条）。また、安全管理のため、必要かつ適切な措置を講じる義務も負います（個人情報保護法23条）。原則として、本人の同意

なく、個人データを第三者に提供することもできません (個人情報保護法 27 条、28 条)。

(3) 情報を握る行政機関にはどんな責任?

(1) 個人情報保護法の適用範囲

地方公共団体の機関などの行政機関等 (個人情報保護法 2 条 11 項) に対しても、個人情報保護法の規制は及びます。もっとも、個人情報取扱事業者に対する規制と大きくは変わりません。

(2) 目的で縛ろう!

行政機関等は、個人情報を保有するにあたっては、法令の定める所掌事務または業務を遂行するため必要な場合にかぎり、かつ、その利用目的をできるかぎり特定しなければならず、また、利用目的の変更には制限があります (個人情報保護法 61 条 1 項、3 項)。

⑦ 所掌事務とは、ある機関が担当する事務のことをいいます。

(3) 取得も利用も慎重に!

行政機関の長等は、個人情報を取得するにあたっては、適正な手段によらなければなりません (個人情報保護法 64 条)。また、本人から直接書面に記録された本人の個人情報を取得するときは、原則として、あらかじめ、本人に対して、その利用目的を明示する必要があります (個人情報保護法 62 条)。

法令に基づく場合を除き、利用目的以外の目的のために保有個人情報をみずから利用することはできません (個人情報保護法 69 条 1 項)。もちろん不適正な利用も禁じられています (個人情報保護法 63 条)。

⑧ 保有個人情報とは、行政機関等の職員が職務上作成し、または取得した個人情報であって、当該行政機関等の職員が組織的に利用するものとして、当該行政機関等が保有しているもののことをいいます (個人情報保護法 60 条 1 項本文)。

(4) 正確かつ安全な管理を!

行政機関の長等は、利用目的の達成に必要な範囲内で、保有個人情報が過去または現在の事実と合致するよう努めなければなりません (個人情報保護法 65 条)。また、安全管理のため、必要かつ適切な措置を講じる義務も負います (個人情報保護法 66 条)。法令に基づく場合を除き、利用目的以外の目的のため

に保有個人情報を提供することもできません（個人情報保護法
69条1項）。

(4) 死者の情報は個人情報じゃないの？

　生存する個人に関する情報であることが個人情報であることの前提ですから、死者の情報は個人情報にあたらないとも思えます。もっとも、遺族等の利益に関わるものとして、生存する遺族の個人情報と考えられる場合もあります。具体的な境界線は難しいところですが、死者の情報であっても、生存する個人の情報にあたりうることは覚えておきましょう。

(5) 自分の情報には手を出せないの？

　本人は、個人情報取扱事業者に対し、保有個人データの①開示、②内容の訂正・追加または削除、③利用の停止または消去を求められます（個人情報保護法33条、34条、35条）。また、行政機関の長等に対しては、保有個人情報の①開示、②内容の訂正・追加または削除、③利用の停止、消去または提供の停止を求められます（個人情報保護法76条、90条、98条）。

　ですから、**Case** のA男は、B男と誤って書かれていることについて、富山県公安委員会委員長に対し、情報の訂正をするよう求めることができます。

12-1 ●

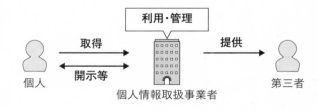

プラスα文献
試験対策講座 5章4節

個人情報保護法第34条
訂正等 ⑨

1　本人は、個人情報取扱事業者に対し、当該本人が識別される保有個人データの内容が事実でないときは、当該保有個人データの内容の訂正、追加又は削除（以下この条において「訂正等」という。）を請求することができる。

個人情報保護法第90条
訂正請求権 ⑩

1　何人も、自己を本人とする保有個人情報（次に掲げるものに限る。第98条第1項において同じ。）の内容が事実でないと思料するときは、この法律の定めるところにより、当該保有個人情報を保有する行政機関の長等に対し、当該保有個人情報の訂正（追加又は削除を含む。以下この節において同じ。）を請求することができる。ただし、当該保有個人情報の訂正に関して他の法令の規定により特別の手続が定められているときは、この限りでない。

一　開示決定に基づき開示を受けた保有個人情報
二　開示決定に係る保有個人情報であって、第88条第1項の他の法令の規定により開示を受けたもの

伊藤真ファーストトラックシリーズ

法律学習のスタート地点に立つ読者に贈る、伊藤真の入門書シリーズ、全巻完結！

初学者にとっての躓きの石を取り除いてくれる一気読みできる新シリーズ。わかりやすく、中味が濃い授業をユーモアで包むと、Fast Track（特別の早道）になりました。圧縮された学習量、適切なメリハリ、具体例による親しみやすい解説で、誰もが楽しめる法律の世界へ Let's Start！

- ●法律学習の第一歩として最適の入門書
- ●面白く、わかりやすく、コンパクト
- ●必要不可欠な基本事項のみを厳選して解説
- ●特に重要なテーマについては、具体的な事実関係をもとにしたCaseとその解答となる Answerで、法律を身近に感じながら学習
- ●判例・通説に基づいたすっきりした説明
- ●図表とイラスト、2色刷のビジュアルな紙面
- ●側注を活用し、重要条文の要約、判例、用語説明、リファレンスを表示
- ●メリハリを効かせて学習効果をあげるためのランク表示
- ●もっと先に進みたい人のためのプラスα文献
- ●知識の確認や国家試験等の出題傾向を体感するためのExercise
- ●時事的な問題や学習上のコツを扱うTopics

1 **憲法** [第2版]　1900円
2 **民法** [第2版]　2000円
3 **刑法** [第2版]　1900円
4 **商法** [第2版]　1900円
5 **民事訴訟法** [第2版]　1900円
6 **刑事訴訟法** [第2版]　1900円
7 **行政法** [第2版]　2000円

伊藤真試験対策講座

論点ブロックカード・フローチャートなど司法試験受験界を一新する勉強法を次々と考案、導入した伊藤真による、「シケタイ」の愛称で多くの全国の受験生・法学部生・法科大学院生に支持されている、本格的な書き下ろしテキスト。最新の法改正にも対応。

- ●論点ブロックカードで、答案の書き方が学べる。
- ●図表・フローチャート・2色刷によるビジュアル化。
- ●試験に必要な重要論点をすべて網羅し、さらに論点の重要度をランク付け。
- ●多数の重要判例の判旨、争点、結論をコンパクトに整理。
- ●イメージをつかむための具体例は、講義の実況中継風。
- ●司法試験をはじめ法科大学院入試・司法書士・公務員・公認会計士試験、
  さらに学部期末試験対策にも最適。

1	スタートアップ民法・民法総則	3700円	9	会社法[第4版]	4200円
2	物権法[第4版]	2800円	10	刑事訴訟法[第5版]	4200円
3	債権総論[第4版]	3400円	11	民事訴訟法[第4版]	4500円
4	債権各論[第4版]	4400円	12	親族・相続[第4版]	3500円
5	憲法[第3版]	4200円	13	行政法[第4版]	3300円
6	刑法総論[第4版]	4000円	14	労働法[第4版]	3800円
7	刑法各論[第5版]	4000円	15	倒産法[第2版]	3500円
8	商法(総則商行為)・手形法小切手法[第3版]	4000円			

伊藤塾試験対策問題集 ●予備試験論文 ●論文 ●短答

「シケタイ」の実践篇。自習しやすく効率的な勉強をサポート、合格への最短コースを示す。

●予備試験論文
1 刑事実務基礎[第2版] 3200円　　2 民事実務基礎[第2版] 3200円
3 民事訴訟法[第2版] 2800円　　4 刑事訴訟法[第2版] 2800円
5 刑法[第2版] 2800円　　6 民法[第2版] 2800円　　7 商法[第2版] 2800円
8 行政法[第2版] 2900円　　9 憲法[第2版] 2800円
●論文
2 刑法 3000円　　4 憲法 3200円
●短答
1 憲法 2800円　　2 民法 3000円　　3 刑法 2900円　　4 商法 3000円
5 民事訴訟法 3300円

新 伊藤塾試験対策問題集 ●論文

すべての記述試験対策に対応。合格答案を書くためのノウ・ハウ満載、底力がつく問題集！

1 民法 2800円	2 商法 2700円	3 民事訴訟法 2900円	4 行政法 2800円				
5 刑事訴訟法 2800円	6 憲法 3000円	7 刑法 3000円					

伊藤塾予備試験論文・口述対策シリーズ

伊藤塾◎監修／伊藤塾講師 **山本悠揮**◎著　予備試験科目を短期間で効率よく学ぶための定石がわかるシリーズ。重要度を示すランク付けでメリハリの効いた内容、判例の立場を軸に据えたわかりやすい解説。直前期必携の「要点チェック」シート・「口述試験再現」答案付き。

| 1 | 刑事実務基礎の定石 | 2500円 | ＊以降続刊あり |

伊藤真の全条解説 会社法

平成26年改正法をふまえた会社法の全条文をオールマイティに解説。全ての条文に、制度趣旨、定義、口語訳、論点、関連判例、重要度ランク、過去問番号が入り、さらに引用・読替条文の説明まで付記したオールインワン型の全条文解説書。実務にも受験にも1冊で万全。　6400円

伊藤真の条文シリーズ　全7巻

基本六法を条文ごとにわかりやすく説明する逐条解説シリーズ。条文の口語的な意味・趣旨、重要な語句の意味、解釈上の重要論点、要旨が付いた関連判例を整理した六法代わりの1冊。

| 1 民法Ⅰ【総則・物権】 3200円 | 2 民法Ⅱ【債権・親族・相続】 3200円 | 4 商法・手形法小切手法 2700円 |
| 5 憲法 3000円 | 6 刑法 3300円 | 7 民事訴訟法 2800円 | 8 刑事訴訟法 3100円 |

伊藤真の判例シリーズ　全7巻

重要判例の読み方・学び方を、伊藤メソッドを駆使して伝授。論点と結論、事実、判決の流れ、学習のポイント、判決要旨等の順にわかりやすく解説した学習書に徹した判例ガイド。

| 1 憲法[第2版] 3800円 | 2 民法[第2版] 3500円 | 3 刑法[第2版] 3500円 |
| 4 行政法[第2版] 3800円 | 5 刑事訴訟法 3800円 | 6 民事訴訟法 3500円 | 7 商法 3500円 |

伊藤真新ステップアップシリーズ　全6巻

法律学習の最重要ポイントをおさえ、基本的な概念や論点をしっかり身につけるシリーズ。

| 1 憲法 2000円 | 2 民法 2500円 | 3 刑法 2300円 | 4 商法 2300円 |
| 5 刑事訴訟法 2200円 | 6 民事訴訟法 2200円 |

伊藤真実務法律基礎講座

実務に役立つ各法律の全体像と基礎知識を短時間でマスターできるコンパクトな入門書。

1 労働法[第4版] 2400円	2 倒産法[第2版] 2100円	3 知的財産法[第5版] 2000円
4 国際私法[第4版] 2400円	5 民事執行法・民事保全法 2500円
6 経済法[第2版] 2100円	7 国際公法 2200円

1	個人情報保護法が保護の対象とする個人情報には、ほかの情報と照らし合わせることで個人を特定できる情報も含まれる。	○ 2【1】(2)
2	個人情報保護法16条第2項にいう「個人情報取扱事業者」が、個人データをその本人の同意なく第三者に提供することは、<u>いっさい許されない</u>。	× 2【2】(4)
3	地方公共団体が取り扱う情報には、<u>個人情報保護法の規定が適用されることはなく</u>、<u>各地方公共団体が定める個人情報保護に関連する条例が適用される</u>ことになる。　　　　　　（行書 H30-56 改題）	× 2【3】(1)
4	個人情報の保護に関する法律は、原則として生存者の個人情報を守るものであるが、死者の情報であっても、それが、同時にその遺族の個人情報でもある場合には、個人情報に含まれるものと解している。　　　　　　　　　　　　　　　　　　　（行書 H24-55）	○ 2【4】
5	個人情報保護法は、行政機関等の保有個人情報について、目的外利用や第三者提供に関する規律が存在する一方、本人は保有個人情報を対象として、開示・訂正・利用停止の請求権を行使できるというしくみになっている。　　　　　　　　　　　（行書 H22-54 改題）	○ 2【3】、【5】

Topics

ここからは、行政救済法！
そして、政行記者、昇進！

】 行政に物申す！―行政救済法―

　ここまでは、行政庁とは何か？どんなことをしているのか？そのとき守らなければいけない決まりごとは何か？など、行政庁側の問題点をたくさんみてきました。ここからは、行政庁に対して、私たち国民がどんな手段を採ることができるのか？という、国民の立場からの問題をみていきます。

　私たち国民が行政庁に対して採ることができる手段について定めている法律を、すべてまとめて**行政救済法**といいます。

　行政救済法は、下の**図1**のように、大きく**行政争訟法**と**国家補償法**の2つに分かれます。

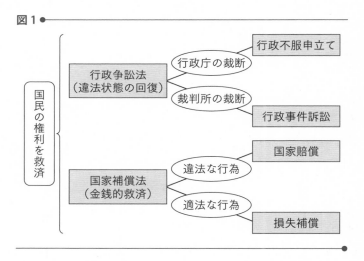

図1

　行政争訟法は、行政活動によって生じてしまった違法な状態をなくす手段を定めた法律です。具体的には2つの法律が含まれます。行政機関に対して直接物申す**行政不服審査法**と、裁判所に対して行政活動が違法である

と訴える**行政事件訴訟法**です。

　国家補償法は、行政活動によって国民の権利や利益が侵害された場合に、行政が国民にお金を支払うことで解決するという手段を定めた法律です。具体的には2つの手段があります。違法な行政活動で生じた損害についてお金を支払う**国家賠償制度**と、適法な行政活動によって生じた損害についてお金を支払う**損失補償制度**です。国家賠償制度を定めた法律として**国家賠償法**があります。

2 キャップ、事件です！

　政行は、これまでの行政事件の取材実績と全国行脚の行動力が評価され、キャップに昇進することになりました。キャップは、みずからも取材をしつつ、他の記者に取材の指示をだす記者のまとめ役です。法治新聞は、行政事件を追いかけるために行政事件班をつくり、政行を行政事件班キャップに任命したのでした。

　ここからは、キャップ政行による行政救済法に関する行政事件の取材が始まります。

第13章

行政不服申立て①制度の全体像
——行政機関に訴えるのってアリ?!

キ……ここは基本！
スデ……君ならできる！
：……できたらスゴイ！
第9章 行政手続法①申
請に対する処分と不利益
処分 Case 1 を見よう！

Case

怒りの矛先は外務大臣へ

20XX 年 12 月 18 日、私は再び千葉県 α 市に取材に来た。先日、パスポート（一般旅券）発給の申請を拒否された A 男を訪ねるためである。実は、A 男は 6 月にパスポートの発給の申請を拒否された後、冬休みに B 子と台湾へ行くために、11 月に再度パスポート発給の申請をしたのだった。しかし、A 男はまたしてもパスポート発給の申請を拒否されてしまった。今回も台湾に行けないとなると、いよいよ B 子に愛想を尽かされてしまうようだ。そのため、A 男は外務大臣に不服を申し立てて早急にパスポートを発給してもらいたいと考えている。

A 男が外務大臣に不服を申し立てる方法は、あるのだろうか。　　　　　　　　　　　法治新聞キャップ　政行

Answer　A 男が外務大臣に行政不服申立てをする方法はあります。

1 裁判所ではなく行政機関に訴える?!

(1) 行政不服申立てと行政事件訴訟は違うの？

行政不服申立てとは、行政庁の処分に関して不服（不満）のある者が、行政機関に対し不満を訴えて、違法・不当があるかどうかを審査させ、違法・不当な行為を改めるように求め

る手続のことをいいます。行政法の世界では、単に不服申立てということもあります。

　行政不服申立てと、第15章以降で説明する行政事件訴訟との違いのひとつは、だれが審査をするのかという点です。行政不服申立てでは、行政機関が審査します。これに対して、行政事件訴訟法では、行政権から独立した裁判所が審査します。

　Case でいえば、外務大臣に直接不服を申し立てる方法が行政不服申立てにあたります。一方、裁判所に不服を申し立てる方法が行政事件訴訟にあたります。

13-1 ●

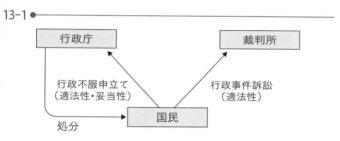

(2)　行政不服申立てなら簡単だし不当も正せる！
―行政不服申立てのメリット―

（1）不服を申し立てるまでが簡単だ！

　まず、**手続が簡単**です。行政事件訴訟は、あくまで裁判なので、慎重な手続を踏んでいく必要があります。これに対して、行政不服申立ては、行政機関が自分で行った処分について自分で見直す作業なので、裁判ではありませんから、行政事件訴訟と比べて、簡単な手続になっています。

（2）いまいちな行政庁の判断をひっくり返せ！

　次に、処分が、適法か違法か（適法性）の問題だけではなく、**妥当か不当か（妥当性）の問題も審査**してもらえます。その処分が適法であっても不当な処分だったならば取り消すことができるということです。

行政庁の処分の適法性しか審査できない行政事件訴訟とは、この点でも違います。

Case でいえば、かりに外務大臣の処分が適法なものであったとしても、外務大臣がA男にパスポートを発給しないのは不当だったと考え直せば、A男はパスポートを発給してもらえます。

13-2 ●

適法法	適法	違法
妥当性	妥当	不当

2 行政不服申立てのルール

(1) 個人を助け、きちんと運営できる！
―行政不服審査法の目的―

行政不服申立てをするためのルールが**行政不服審査法**です。行政不服審査法は、行政庁が違法または不当な処分をした場合にすることのできる、簡単ですばやく、しかも**公正な手続**を定めることで、①国民の権利や利益を守ることと、②行政が適正に運営されるようにすることを目的としています（行服法1条1項）。簡単にいえば、**①個人の権利や利益の救済**と、**②行政の自己コントロール**が目的なのです。

(2) 申立ての対象は処分と不作為

行政不服申立ての対象となる典型的な例が、**処分**です。具体的にどのようなものが処分にあたるかについては、重要なトピックですから、第15章 訴訟要件①処分性で詳しく説明します。ここでは、第9章 行政手続法①申請に対する処分と不利益処分で説明した申請に対する処分や不利益処分は、不

行政不服審査法第1条 目的等
1　この法律は、行政庁の違法又は不当な処分その他公権力の行使に当たる行為に関し、国民が簡易迅速かつ公正な手続の下で広く行政庁に対する不服申立てをすることができるための制度を定めることにより、国民の権利利益の救済を図るとともに、行政の適正な運営を確保することを目的とする。

第13章

服申立ての対象になるということをおさえておきましょう。
そのため、**Case** での外務大臣の一般旅券発給拒否処分は、申
請に対する処分であるため不服申立ての対象になります。

　もう1つの行政不服申立ての対象が**不作為**です。国民がき <u>②</u>
ちんと申請したのに、それに対して何らの許認可等もしない
ことは、典型的な不作為です。たとえば、パスポートの申請
を外務大臣が無視して、パスポートをだすともださないとも
言わない場合、その不作為は行政不服申立ての対象になりま
す。

> ② 不作為とは、一定の行為をしないことをいいます。

3 行政不服申立てのバリエーション！

(1)　3本の矢—3種類の行政不服申立て—

　行政不服申立てには、審査請求、再調査の請求、再審査請
求の3種類があります。

　行政不服申立ては、**原則**として、**審査請求**です。再調査の
請求と再審査請求は、ほかに法律で特別に定めてある場合に
のみ認められる例外です。

13-3 ●━━━━━━━━━━━━━━━━━━━━━━━━━━

　　　　　行政不服申立て┬─審査請求（原則）

　　　　　　　　　　　　├─再調査の請求（例外）

　　　　　　　　　　　　└─再審査請求（例外）

━━━━━━━━━━━━━━━━━━━━━━━━━━━━●

(2)　原則は審査請求

　審査請求とは、処分庁の処分または不作為について、**処分
をした庁**（処分庁）・**するべき処分をしなかった庁**（不作為庁）**以
外の行政庁**に対して不服を申し立てる手続です。

　原則として、**審査庁**は、処分庁の**最上級行政庁**です（行服法 <u>③</u>
4条）。たとえば、都道府県の公安委員会による運転免許の取

> ③ 審査庁とは、審査請求の相手方となる行政庁をいいます。

消処分に対して審査請求をしたい場合には、公安委員会の最上級行政庁である県知事が審査庁となります。

13-4

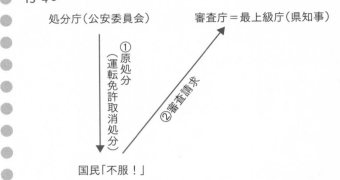

処分庁（公安委員会）　　　　　　審査庁＝最上級庁（県知事）

①原処分（運転免許取消処分）

②審査請求

国民「不服！」

　では、今回の **Case** はどうでしょうか。パスポートをださない処分をしたのは外務大臣ですから、その最上級行政庁である内閣を相手に審査請求をすべきことになりそうです（行組法3条3項）。しかし、各省の大臣はそれぞれの行政に責任をもっているので、その独立性は尊重されるべきです。そこで、例外として、**大臣が処分庁である場合には、大臣みずからが審査庁となります**（行服法4条1号）。ですから、**Case** では、外務大臣が審査庁となります。

(3)　例外その1―再調査の請求―

　再調査の請求とは、行政庁の処分に対して、**処分をした処分庁自身に不満を訴える手続**です。不作為についての再調査の請求はありません。

　再調査の請求は、ほかに法律で定めがある場合にのみ例外的にすることができます。たとえば、国税に関する不服申立てや、関税に関する不服申立てなどにおいて、再調査の請求が認められています。

　再調査の請求ができる場合は、審査請求をしても、再調査の請求をしてもどちらでもかまいません（行服法5条1項）。こ

れを**自由選択**とよぶことがあります。

13-5 ●

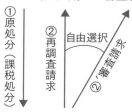

処分庁（税務署）　審査庁（国税不服審判所）

①原処分（課税処分）
②再調査請求
自由選択
②´審査請求

国民（納税者）「不服！」

(4)　例外その2 ─ 再審査請求 ─

　再審査請求とは、審査請求の裁決に不満がある者が更に不
満を訴える手続です。

　再審査請求は、ほかの法律に定めがある場合にのみ例外的
にすることができます。たとえば、健康保険に関する不服申
立てや厚生年金に関する不服申立てなどで、再審査請求が認
められています。再審査請求ができる場合でも、再審査請求
をしないで裁判所に訴えを起こすこともできます（自由選択）。

④ 裁決とは、審査請求に
対して審査庁により示
される最終的な判断を
いいます。

第14章　行政不服申立て
②教示・執行停止制度な
ど4で詳しく学習します。

4 不服申立てが認められるには？

(1)　不服申立手続はこんな感じで進む

　行政不服申立手続には、まず①**要件審理**があります。要件
審理とは、不服申立てを適法に申し立てる要件をみたしてい
るかどうかの審理です。次に、この要件をみたすと、②**本案
審理**が行われます。本案審理では、行政庁の処分の適法性と
妥当性について判断します。本案審理が終了すると、③**裁決・
決定**がだされます。①がない場合は、②まで進めず、門前払
いとなってしまいます。

　ここでは、①の要件審理についてみていくことにします。

⑤ 決定とは、再調査の請
求に対する判断をいい
ます。

裁決・決定については、
第14章　行政不服申立て
②教示・執行停止制度な
ど4で詳しく学習します。

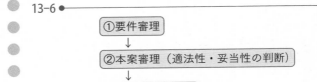

13-6

①要件審理
↓
②本案審理（適法性・妥当性の判断）
↓
③裁決または決定

(2) 門前払いにあたるかも?!─要件審理─

不服申立てを適法に行うための要件は、訴訟でいうところの訴訟要件にあたります。そして、後で詳しく説明する行政事件訴訟の訴訟要件と多くの点で共通します。

訴訟要件については、第15章 訴訟要件①処分性、第16章 訴訟要件②原告適格、第17章 訴訟要件③訴えの利益・その他の訴訟要件で詳しく学習します。

行政不服申立ての要件は、具体的には図 13-7 にあげた次の5つです。これらの要件をみたさないと、適法ではない不服申立てであるとして、その不服申立ては却下されます。

このうち、いくつかの要件について、更に詳しくみていきましょう。

13-7

①処分または不作為が存在すること
②正当な当事者から不服が申し立てられること（当事者能力＋当事者適格）
③権限を有する行政庁に申し立てること
④不服申立期間内に申し立てること
　　処　分：処分があったことを知った日の翌日から起算して3か月以内
　　不作為：その性質上申立期間の定めなし
⑤形式と手続を遵守すること

当事者能力とは、自分の名前で不服申立てをすることのできる資格をいいます。民法上の権利能力に対応しており、自然人や法人には当事者能力があります。

⑥

行政不服申立てにおける当事者適格のことを不服申立適格とよぶこともあります。

⑦

(1) 要件の②：当事者能力と当事者適格があること

当事者適格とは、特定の事件において当事者になることができる地位をいいます。当事者適格は、行政不服審査法の条文で要求されているわけではありませんが、解釈上、必要とされています。当事者適格については、行政事件訴訟における原告適格と同じように考えるのが普通です。ここは、第16章 訴訟要件②原告適格で詳しくお話しします。

（2）要件の④：不服申立期間内に申し立てること

　処分についての審査請求は、処分があったことを知った日の翌日から3か月が過ぎたときはすることはできません。ただし、**正当な理由があるときは、することができます**（行服法18条1項）。たとえば、4月1日に処分があったことを知った場合、7月1日までは審査請求をすることができますが、7月2日には正当な理由がないかぎり審査請求をすることができません。

　また、処分についての審査請求は、処分があった日の翌日から1年を経過したときはすることができません。ただし、**正当な理由があるときは、することができます**（行服法18条2項）。たとえば、4月1日に処分があった場合には、次の年の4月1日までは審査請求をすることができますが、正当な理由がないかぎり、4月2日には審査請求をすることができません。

（3）要件の⑤：形式と手続を遵守すること

　審査請求は、原則として、**書面**（審査請求書）**を提出してしなければなりません。ただし、ほかの法律に口頭ですることができるという定めがあるときは、例外的に書面でも口頭でも可能です**（行服法19条1項）。

　この審査請求書に法律で定められている事項が書かれていなかったときは、適法ではない不服申立てとして却下裁決がだされることになります。

プラスα文献
試験対策講座6章1節①〜⑤

第13章 Exercise

1	不服申立ての種類には、審査請求、再調査の請求および再審査請求があり、不服申立てのうち、審査請求は、<u>処分庁または不作為庁に対する不服申立てのこと</u>をいう。	× 3【2】
2	行政庁の処分に対する審査請求は、当該処分について再調査の請求を行うことができるときは、<u>原則として、再調査の請求についての決定を経た後でなければ行うことができない</u>。	× 3【3】
3	審査請求は、<u>いかなる場合であっても</u>、処分があったことを知った日の翌日から起算して3月を経過したときはすることができない。	× 4【2】(2)
4	不服申立ては、<u>他の法律や条例において書面でしなければならない旨の定めがある場合を除き、口頭ですることができる。</u> <div align="right">（行書 H22-14）</div>	× 4【2】(3)

第14章

行政不服申立て②教示・執行停止制度など
―― 申立て、そのやり方を伝授して！

１ 国民へのアドバイス―教示―

キ……ここは**基**本！
ステ……君なら**で**きる！
……できたら**ス**ゴイ！

Case

府議会議員の不正を暴く

20XX年1月23日、私は大阪府α市に住むA男の取材に来た。A男は、兵庫県議会の議員が政務活動費を不正に計上していた疑いが発覚したニュースを見て、大阪府議会にも政務活動費を不正に計上している議員がいるのではないかと考え、大阪府公文書公開条例に基づき大阪府議会の議員の政務活動費についての関係文書の公開を請求したそうだ。しかし、大阪府は、不開示決定通知書に理由をちゃんと記載したうえで、これを不開示とする決定をした。ただし、A男がこの不開示決定に対して、どのような対応をとることができるかは書いていなかったようである。

この大阪府の不開示決定は適法なのだろうか。

法治新聞キャップ　政行

①

政務活動費とは、地方議員が調査や研究などを行うために支給されるお金のことをいいます。

政務活動費については、*Topics*何に使っているの？ 政務活動費の実態を明らかに！も見てみよう！

Answer　この大阪府の不開示決定は、教示制度について触れておらず、違法です。

(1)　行政庁「不服申立て、できますよ？」

　行政庁は、一定の場合、処分をする相手方などに対して、①その処分について不服申立てができること、②その相手と

行政文書開示決定通知書

（開示請求者）　　様

行政機関の長　[印]

　　令和〇年〇月〇日付けで請求のありました行政文書の開示について、大阪府情報公開条例第 13 条第 1 項の規定に基づき、下記のとおり、開示することとしましたので通知します。

記

1　開示する行政文書の名称

2　不開示とした部分とその理由

　　＊　この決定に不服がある場合は、行政不服審査法（平成 26 年法律第 68 号）第 2 条（第 5 条）の規定により、この決定があったことを知った日の翌日から起算して 3 月以内に、〇〇〇に対して審査請求（再調査の請求）をすることができます。

3　開示の実施の方法等
　(1)開示の実施の方法等　　　＊裏面（又は同封）の説明事項をお読みください。

行政文書の種類・数量等	開示の実施の方法	開示実施手数料の額（算定基準）	行政文書全体について開示の実施を受けた場合の基本額

　(2)事務所における開示を実施することができる日時、場所

　(3)写しの送付を希望する場合の準備日数、郵送料（見込み額）

＊　担当課等

行政不服審査法第 82 条 不服申立てをすべき行政庁等の教示
1　行政庁は、審査請求若しくは再調査の請求又は他の法令に基づく不服申立て（略）をすることができる処分をする場合には、処分の相手方に対し、当該処分につき不服申立てをすることができる旨並びに不服申立てを

②　なる行政庁、③不服を申し立てられる期間を知らせなければなりません。このように、行政不服申立てができることやその方法について国民にアドバイスするしくみを、**教示制度**（行服法 82 条）といいます。②

(2)　ぜひ、不服申立てを使ってください！
―教示制度の目的―

　行政不服申立ては残念ながら、国民に広く知られているわ

けではありません。そのため、不服申立てができることを知らないうちに不服申立てができる期間を経過してしまうおそれがあります。また、場合によっては、訴えを起こす前に審査請求をしておく必要があることもあります。この場合、もし審査請求をしないうちに、審査請求ができる期間を過ぎてしまうと、審査請求ができないどころか、訴えを起こすことすらできなくなってしまいます。これでは、行政不服申立ての目的である、国民の権利、利益の救済を図ることができません。そこで、国民が行政不服申立てを適切に利用することができるよう、教示制度が設けられているのです。

(3) いつも教示しなければいけないの？

まず、不服申立てをすることができる処分を書面でするときは、行政庁は、教示をしなければなりません (行服法82条1項本文)。**Case** でいえば、不開示決定は、不服申立てをすることができる処分です。そして、大阪府は不開示決定通知書という書面で、不開示決定をしています。そのため、**Case** では、大阪府はA男に教示をしなければなりません。それにもかかわらず、大阪府は教示をしていないので、この不開示決定は違法ということになります。

また、利害関係人が教示を求めたときにも、行政庁は、教示をしなければなりません (行服法82条2項)。この利害関係人とは、<u>不服申立てができる人のことをいうと考えるのが一般的です。</u>

2 処分の執行よ、止まれ！
―執行停止制度―

(1) 行政は急には止まれない！―執行不停止の原則―

審査請求をしても、処分の執行などは止まりません (行服法25条1項)。これを、**執行不停止の原則**といいます。

---

① すべき行政庁及び不服申立てをすることができる期間を書面で教示しなければならない。ただし、当該処分を口頭でする場合は、この限りでない。

③ 訴えを起こす前に審査請求をしておく必要があることを、審査請求前置といいます。

第17章 訴訟要件③訴えの利益・その他の訴訟要件4で詳しく学習します。

④ 不服申立てができる人とは、つまり、当事者適格 (**不服申立適格**) がある人のことです。

⑤ **行政不服審査法第25条 執行停止**
1 審査請求は、処分の効力、処分の執行又は手続の続行を妨げない。

建築確認については、第
16章 訴訟要件②原告適
格2(3)で詳しく学習し
ます。

　なぜなら、審査請求があった段階で処分の執行などが止
まってしまうと、行政目的の達成が遅れてしまうからです。
また、処分の執行などを止めることを目的として理由もなく
審査請求をするというような、申立ての濫用のおそれも大き
いからです。

　たとえば、マンションの建築確認がされたときに、マンショ
ン建築に反対する周辺住民が建築確認について審査請求をし
たとします。この場合、建築確認の効力は失われず、その後
もマンションの建築を継続することができるということで
す。

14-1

```
┌────────┐      ┌────────┐
│ 処分庁 │─────→│ 審査庁 │
└────────┘      └────────┘
    │原処分            ↑
    ↓            ┌────────┐
┌────────┐      │ 審査請求 │
│ 国民   │─────→└────────┘
└────────┘            │
                      ↓
           ┌─────┐
           │ 原則 │：執行不停止の原則
           └─────┘    理 ┌①行政目的の達成
                      由 └②申立ての濫用の回避
                      ↓
           ┌─────┐
           │ 例外 │：執行停止
           └─────┘
```

(2) 例外的に執行停止できる！

　このように、不服申立てをしても処分の執行は止まらない
ことが原則ですが、例外的に、それを止めることのできる執
行停止制度があります（行服法25条2項から4項まで）。**執行停
止**とは、具体的には処分の執行などの全部または一部の停止
をまとめて表した言葉です。

行政事件訴訟の執行停止
制度については、第18章
取消訴訟の審理・訴訟の
終了1(4)で詳しく学習
します。

　行政事件訴訟でも執行停止制度はありますが、不服申立て
における執行停止には、①任意的執行停止と②必要的執行停
止の2種類がある点が違います。

(1) その執行、止めてあげよう！

　審査するのが処分庁か処分庁の上級行政庁である場合は、
審査請求人から申立てがある場合だけでなく、申立てがない
場合にも、職権により、（広義の）執行停止をすることができ

ます。なお、（広義の）執行停止には、処分の効力、処分の執行または手続の続行の全部または一部の停止（狭義の執行停止）だけでなく、その他の措置が含まれます（行服法25条2項）。職権による執行停止が認められている点と、その他の措置をとりうる点で、行政事件訴訟の執行停止とは違います。

　審査するのが処分庁と処分庁の上級行政庁のどちらでもない庁の場合は、審査請求人の申立てがあったときにかぎって、処分庁の意見を聴いたうえで、（狭義の）執行停止をすることができます（行服法25条3項）。

(1)審査庁が処分庁か処分庁の上級行政庁の場合

	（狭義の）執行停止	その他の措置
申立てによる	○	○
職権による	○	○

(2)審査庁が処分庁と処分庁の上級行政庁のいずれでもない場合

	（狭義の）執行停止	その他の措置
申立てによる	○	×
職権による	×	×

（2）これは止めなければダメです！

　審査請求人の申立てがあった場合で、処分、処分の執行、手続を続けることにより起こる重大な損害を避けるために緊急の必要があるときは、審査庁は執行停止をしなければなりません（行服法25条4項本文）。これを必要的執行停止といいます。ただし、執行停止をすると公共の福祉に重大な影響を及ぼす可能性があるときや、審査請求に理由がないとみえるときは、執行停止はしません（行服法25条4項ただし書）。

3 審査請求はこうやります！

（1）　審理員が公平にジャッジ！

　審査請求の審理は、職員のうち処分に関与しない者（審理

行政不服審査法第25条　執行停止

2　処分庁の上級行政庁又は処分庁である審査庁は、必要があると認める場合には、審査請求人の申立てにより又は職権で、処分の効力、処分の執行又は手続の続行の全部又は一部の停止その他の措置（以下「執行停止」という。）をとることができる。

3　処分庁の上級行政庁又は処分庁のいずれでもない審査庁は、必要があると認める場合には、審査請求人の申立てにより、処分庁の意見を聴取した上、執行停止をすることができる。ただし、処分の効力、処分の執行又は手続の続行の全部又は一部の停止以外の措置をとることはできない。

4　前2項の規定による審査請求人の申立てがあった場合において、処分、処分の執行又は手続の続行により生ずる重大な損害を避けるために緊急の必要があると認めるときは、審査庁は、執行停止をしなければならない。ただし、公共の福祉に重大な影響を及ぼすおそれがあるとき、又は本案について理由がないとみえるときは、この限りでない。

員）が行います（行服法 9 条）。審理員が審理を行う理由は、両者の主張を公正に審理するためです。

　審理員は、処分庁または不作為庁に対して、**弁明書**の提出を求めます（行服法 29 条 2 項）。これに対して、審査請求人は、弁明書に書かれた内容に対する反論を書いた書面（**反論書**）を提出することができます（行服法 30 条 1 項前段）。また、審査請求人の申立てがあった場合には、審理員は、口頭で意見を述べる機会を与えなければなりません（行服法 31 条 1 項本文）。

14-2

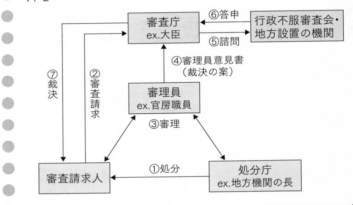

（2）　審査庁の御意見番 ─ 行政不服審査会 ─

　審査庁が裁決をする前には、総務省に設置された第三者である**行政不服審査会**（行服法 67 条）が点検をします。地方公共団体の長が審査庁である場合には、条例で設置される同様の機関が関与します。これは、審査庁の判断が適切かどうかを第三者の視点から公平に審査するためです。

　審査庁は、審理員から意見書の提出があったときは、行政不服審査会等に意見を聴きます。これを**諮問**といいます（行服法 43 条 1 項）。そして、行政不服審査会等は、審査したうえで意見を述べます。これを**答申**といいます。

4 審査請求の終わり方

(1) 審査請求っていつ終わるの？

　審査請求は、審査庁の裁決によって終了します。裁決とは、審査請求に対して審査庁から示される最終的な判断をいいます。裁決は、理由をつけて書面でしなければなりません（行服法50条1項）。

　審査請求人は、裁決があるまでは、いつでも審査請求を取り下げることができます（行服法27条1項）。審査請求の取下げは、書面でしなければなりません（行服法27条2項）。

(2) 裁決・決定＝審査庁の判断

　審査請求・再審査請求に対する判断を裁決、再調査の請求に対する判断を決定といいます。

　審査請求の裁決には、適法でない審査請求がされたときにだされる却下裁決、審査請求の対象が適法かつ妥当なときにだされる棄却裁決、審査請求の対象が違法または不当なときにだされる認容裁決があります。

　棄却裁決のひとつとして、事情裁決があります。事情裁決とは、裁決で処分が違法または不当であることは書くものの、審査請求自体は棄却する裁決です（行服法45条3項）。事情裁決は、処分が違法や不当であるときに、これを取消し・撤廃することで、公の利益に著しい障害が生じる場合に行われます。その際に、審査請求人・再審査請求人の受ける損害の程度、その損害の賠償や防止の程度およびその方法など、その他の事情もすべて考慮されます。処分が違法である場合のみならず、不当である場合にもなされる点で、あとで説明する行政事件訴訟の事情判決とは違います。

事情判決については、第18章 取消訴訟の審理・訴訟の終了 2(3) で詳しく学習します。

(3) 裁決・決定にはどんな効力があるの？

　裁決・決定の法的性質は、行政行為です。そのため、裁決・

公定力については、第5
章 行政行為 **1**(**3**) を見
よう！

決定の効力として、**公定力**が生じます。

　また、裁決は関係行政庁を拘束します（行服法 52 条 1 項）。これを**拘束力**といいます。審査請求が認容されても処分庁がいうことを聞かなければ、国民は救済されません。そこで、請求が認容された場合の実効性を確保するため、拘束力が規定されました。拘束力の目的は国民の救済ですから、救済の必要がないとの判断である棄却裁決に拘束力はありません。

　ほかにも裁決・決定の効力はいくつかありますが、ここではこの 2 つの効力についてしっかりおさえておきましょう。

プラスα文献
試験対策講座 6 章 1 節 ⑥〜⑨

1	処分庁の上級行政庁又は処分庁である審査庁は、必要があると認める場合には、審査請求人の申立てにより執行停止をすることができるが、職権で執行停止をすることはできない。　　（特別区 H29 年）	× 2【2】(1)
2	審査請求の裁決は、書面でしなければならず、緊急を要する場合であっても、口頭ですることは認められていない。　　（行書 H24-14）	○ 4【1】
3	行政不服審査制度には権利保護機能の他に行政統制機能があるため、審査庁の同意がなければ、審査請求人は審査請求を取り下げることができない。　　（行書 H22-15）	× 4【1】
4	審査請求が法定の期間経過後にされたものであるとき、その他不適法であるときは、審査庁は、棄却裁決を行う。　　（行書 H24-15）	× 4【2】
5	裁決においては、違法を理由として処分を取り消すことはできるが、不当を理由として取り消すことはできない。　　（行書 H21-14）	× 4【2】
6	事情裁決は、行政事件訴訟法の定める事情判決と同様、処分が違法であるときに一定の要件のもとで行われるものであって、処分が違法ではなく、不当であるにとどまる場合において行われることはない。　　（行書 H24-15）	× 4【2】

Topics

東京都による時短命令は適法か？

　2020（令和2）年2月以降、日本国内においても新型コロナウイルス感染症の感染が拡大し、社会は大きく変わりました。特に、感染拡大防止のため、飲食店に対する時短営業の要請、人が集まるイベント等の中止等の要請、旅行や外出の自粛要請などがなされ、各業界に多大な影響を与えました。

　行政は、新型コロナウイルス感染症対策のため、可能なかぎり早急な対応をしてきたといえるでしょう。他方で、法律家としては、このような事態だからこそ、**少数者の人権が侵害されてしまってはいないかを注意深く検討する必要があります。**

　東京都は、営業時間短縮要請に従わなかったとして、都内で飲食店を経営するある企業に対し、新型インフルエンザ等対策特別措置法（特措法）45条3項に基づき、その企業の店舗を午後8時から翌日午前5時までの間、営業のために使用することを停止する命令（時短命令）をだしました。これに対して、その企業は、時短命令は違法であるとして、国家賠償請求をしました。

　裁判所は、都知事に職務上の注意義務違反はなかったとして、企業の請求を棄却しました。もっとも、**時短命令自体は、特措法45条3項の「特に必要があると認めるとき」という要件をみたさず、違法であるとしたのです。**

　この事件は、企業が控訴を取り下げたことで第一審判決が確定し、終了しました。第一審判決はあくまで事例判断ですので、詳細はぜひ判決文を読んでみてください。あなたが日頃ニュースで見ているような出来事について、行政法で学んだ手続に沿って判断されていることがわかるでしょう。

　この事件から、行政法があなたの生活にも密接に関わっていることを改めて感じてもらえたでしょうか。それとともに、行政法を学ぶ意義を感じとってもらえればなによりです。

訴訟要件①処分性
──処分じゃなくても処分性あり??

1 さあ、いよいよ行政事件訴訟法の世界へ！

ここからは、行政法のなかでメインである**行政事件訴訟法**をみていくことにしましょう。

行政事件訴訟法は、その名のとおり、行政事件訴訟についての一般法です。特に、行政によって公権力が違法に行使されてしまった場合に、国民を救済し、正しい法治国家としての姿を実現するための柱となる法律です。

第1章 ようこそ行政法の世界へ 3(2)で、行政事件訴訟にはたくさんの種類の訴訟があることを知りました。これらは、次の図 15-1 のように 4 つに分類できます。このうち、行政事件訴訟のメインは**抗告訴訟**です。抗告訴訟とは、行政庁の違法な行為を争う訴訟のことをいいます。

15-1 ●

```
                        ┌─ 抗告訴訟
                        ├─ 当事者訴訟
        行政事件訴訟 ──┤
                        ├─ 民衆訴訟
                        └─ 機関訴訟
```

2 いらない訴訟は門前払いに ──訴訟要件──

(1) 訴訟の行く末は 3 パターン

行政事件訴訟が起こされると、審理が進められ、**請求認容判決**や**請求棄却判決**がだされます。これらの判決のことを
　　①　　　　　　②

1 請求認容判決とは、原告が申し立てた請求を認める判決のことをいいます。

2 請求棄却判決とは、原告が申し立てた請求を認めない判決のことをいいます。

本案判決といいます。

　この、**本案判決に向けた審理をするための要件**のことを、**訴訟要件**といいます。訴訟をしていて、訴訟要件が欠けていることがわかった場合、**訴えが却下される**ことになり、本案判決はだされません。これは、民事訴訟でも同じです。

原告適格については、第16章 訴訟要件②原告適格で、訴えの利益については、第17章 訴訟要件③訴えの利益・その他の訴訟要件1で、詳しく学習します。

③

(2)　訴訟要件はなんで必要なの？

　なぜ訴訟要件というものがあるのでしょうか。それは、多くの紛争のなかから、**訴訟で解決する必要があり、また解決することができる紛争だけを選び**、それに裁判所の労力やお金を集中させることで、適切な訴訟の運営を実現するためです。

　④　行政事件訴訟の中心である取消訴訟における訴訟要件には、処分性、原告適格、訴えの利益などがあります。

厳密には、行政庁の処分その他公権力の行使にあたる行為が抗告訴訟の対象です。行政事件訴訟法ではこのような行為のうち、裁決とよばれるもの以外のものをまとめて処分と略称しています（行訴法3条2項括弧書）。

行政事件訴訟法第3条　抗告訴訟
2　この法律において「処分の取消しの訴え」とは、行政庁の処分その他公権力の行使に当たる行為（次項に規定する裁決、決定その他の行為を除く。以下単に「処分」という。）の取消しを求める訴訟をいう。

3 訴訟要件の重要な柱―処分性―

　この章では、訴訟要件のうち、**処分性**についてお話ししていきます。

　抗告訴訟の多くは、**処分の違法**を裁判所の審理の対象としています（行訴法3条2項）。そのため、原告が争っている行政庁の行為が処分にあたらなければ、抗告訴訟でその行為が違法であるかどうかを判断することはできません。ですから、抗告訴訟の訴訟要件として、原告が争っている行政庁の行為が処分にあたるかどうかが問題となります。これが、**処分性**です。

東京都ごみ焼却場事件　⑤

《復習Word》
公権力とは、国や地方公共団体が国民や市民に優越的な地位を行使する権力のことをいいます。
なお、訴訟において行政

　処分性について判例は、**公権力を行使する国または公共団体の行為**のうち、**その行為から直接、国民の権利や義務を変動させる法的な効果が発生するもの**に認められるとしています。

　Case を使って、どのような行政庁の行為に処分性が認められるのかをみていきましょう。

4 輸入禁止って取り消せるの？

Case 1

海外書籍は刺激が強い?!

20XX 年 2 月 3 日、私は友人を訪ねて函館に来た。冬の北国は寒さが厳しいが美しい。ここで出会った A 男に興味深い話を聞いたので、友人との会話もそこそこに、取材を始めることにした。

A 男は、性的描写もある海外の書籍を輸入しようと考えた。ところが、この書籍は風俗を乱すものだと判断されてしまい、函館税関長から「この本は、関税法が定めている輸入を禁止された品にあたる」という内容の通知があったという。

A 男は、「この本の性的描写は芸術だ。風俗を乱すものではない。税関長の感覚はおかしい」と主張する。そこで、この通知を取り消してもらうよう求めるつもりだそうだ。ただし、税関長は「この通知は事実を伝えるだけのもので、取消訴訟を起こすために必要な処分性は認められない」と言ったそうである。

この通知には処分性が認められるのだろうか。

法治新聞キャップ　政行

Answer 1　この通知に処分性は認められます。

(*1*)　効果がないなら処分性はない

処分性が認められるためには、その行為によって国民の権利や義務を変動させる法的な効果が発生することが必要です。法的な効果というからには、権利や義務を事実上変化さ

せるのでは足りません。法律上、**権利や義務があるかないか**
を確定したり、その内容を変化させるものでなくてはならな
いのです。

(2) Case 1で考えてみよう！

では、**Case 1**の、輸入を禁止された品にあたるという通知⑥
は、A男の権利や義務を法的に変化させるのでしょうか。

この海外書籍が輸入を禁止された品にあたるかどうかは客
⑦
観的に決まることなので、税関支署長が通知をしようがしな
かろうが、A男は書籍を輸入できないのです。そうだとする
と、この通知を受けたことによって輸入する法的権利が奪わ
れるわけではないので、この通知は単なる事実上の行為で
あってA男の法律上の地位に変動を与えていないとも思え
ます。

15-2

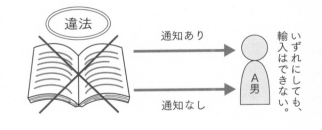

しかし、関税法によれば、この通知によってはじめて、輸
入が禁止された品にあたるため輸入を拒否するという税関支
署長の意見が公開されることになります。また、この通知以
降、改めて輸入不許可処分がされるわけでもありません。つ
まり、この通知は行政庁が輸入を拒否するという態度を最終
的に表明する行為だといえます。

このような関税法のしくみからすると、**実質的にはこの通**
知が輸入の拒否処分として機能しているとみることができま
す。このように考えると、通知によりA男は書籍を輸入する

ポルノ雑誌などが禁制品
にあたるというこの通知
の根拠は、かつては関税
定率法にありましたが、
現在では、関税法に規定
がおかれています。

関税法第69条の11　輸
入してはならない貨物
1　次に掲げる貨物は、
輸入してはならない。
⑦　公安又は風俗を害す
べき書籍、図画、彫刻物
その他の物品（次号に掲
げる貨物に該当するもの
を除く。）
3　税関長は、この章に
定めるところに従い輸入
されようとする貨物のう
ちに第1項第7号又は第
8号に掲げる貨物に該当
すると認めるのに相当の
理由がある貨物があると
きは、当該貨物を輸入し
ようとする者に対し、そ
の旨を通知しなければな
らない。

権利を法的に奪われているといえますから、この通知には、処分性が認められるのです。

5 条例って取り消せるの？

Case 2

　　　　　身内に甘く外部に厳しい制度の実態！

20XX年8月14日、私は、長野県α市に別荘をもっている友人B男を訪ねた。都会の暑さと喧騒から逃れ、快適な日々を送っていたところ、B男とその妻との会話を小耳に挟んだ。

なんでも、長野県で新たに水道供給条例が制定され、別荘の水道基本料金が1か月3,000円から5,000円に引き上げられたのだそうだ。ところが、長野県民の住居では、基本料金は1か月1,300円から1,400円に上げるにとどまっているという。なんと身内に甘く、よそ者に厳しい条例であろう。B男は、このような条例は許せないので、取消訴訟を起こしたいと言っている。

このような条例制定行為に、処分性は認められるのだろうか。　　　　　　　　　　　法治新聞キャップ　政行

Answer 2　この条例制定行為に処分性は認められません。

(1) 効果が具体的に発生しないと処分性はない

　処分性が認められるには、行政庁の行為から直接、権利義務を変動させる効果が発生することが必要です。直接というのは、その行為からいきなり具体的な効果が発生することを意味しています。ですから、ある行為から抽象的には権利義

務を変動させる効果が発生したとしても、その行為に処分性
は認められません。

15-3

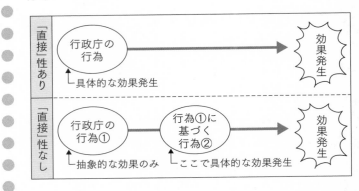

(2) Case 2で考えてみよう！

条例が制定された場合、市民はその条例に従って行動しな
ければならなくなります。そうだとすると、条例制定行為自
体によって具体的に効果が発生したとも思えます。

しかし実際は、行政庁が、条例を守らせるための具体的な
行為を市民に対して行うことで、はじめて市民に具体的な効
果が発生するのです。たとえば、B男が基本料金として
5,000円ではなく3,000円しか払わなかったとします。長野
県はこの条例に従って、B男に対して、不足の2,000円を強
制的に徴収するという手段を採ることでしょう。この長野県
の行為があってはじめて、B男に、条例ができるまでは支払
う必要のなかった2,000円を支払うという負担が具体的に発
生することになります。

このように、長野県が条例を制定しただけでは抽象的な効
果しか発生しないのですから、この水道供給条例の制定行為
には処分性は認められません。

6 紛争には成熟と半熟があるの？
―紛争の成熟性―

Case 3

地方都市の整備、住民の真意はどこに

20XX 年 4 月 27 日、私は、地方都市の活性化をテーマとする連載の取材のため、静岡県 β 市に来ている。β 市は、β 駅を通る鉄道の高架化と、駅周辺の整備を行うこととし、先月、土地区画整理事業計画を決定したのだ。

しかし、β 駅前には立派なロータリーがあるのにそれを取り壊して再整備をするのは税金のムダだし、そんなことのために自分の土地に対して換地処分がされ、家を取り壊さなければならないことに不満をもつ住民が多いようである。

住民らは、この土地区画整理事業計画決定の取消訴訟を起こすつもりのようだ。しかし、計画は未来予想図にすぎず、まだだれも立退きを要求されていない。

この状況で、土地区画整理事業計画決定に処分性は認められるのだろうか。 法治新聞キャップ 政行

《復習 Word》
換地処分とは、土地の区画を整理する工事が終了した後、土地区画整理事業の対象となった土地の権利者に対して、同面積の新たな区画となった土地を割り当てることをいいます。このとき、元の土地の権利者に割り当てられる土地のことを**換地**といいます。

Answer 3 土地区画整理事業計画に処分性は認められます。

(1) 成熟してないと判断できません

　行政庁の行為に処分性が認められるには、**5** でお話ししたように、その行為から具体的に効果が発生したといえなければなりません。

　ですが、行政庁の行為は、1 回で目的が実現できるものばかりではありません。なかには、いくつかの行為を連続して

行い、その一連の行為を達成することによって目的を実現するというものもあります。

このような連続した行為の中間段階の行為に処分性があるかどうかを判断するためには、その段階で、具体的な効果が発生したといえるのかどうかを考える必要があります。このことを、**紛争が成熟しているか**と表現しています。

(2) Case 3 で考えてみよう！
（1）土地区画整理事業計画決定は、成熟しているの？

土地区画整理事業については、第 7 章 非権力的な行為形式 2(1) を見よう！

土地区画整理事業というのは、図 15-4 のように土地の価値を高めるために、道路や公園などの公共施設を整備し、いびつな土地の区画を整える事業のことをいいます。この事業は、図 15-5 のような流れで進みます。

15-4 ●

■土地区画整理事業のイメージ

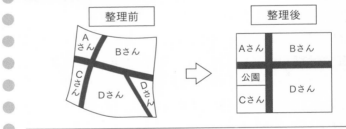

15-5 ●

■土地区画整理事業の流れ

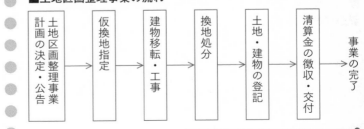

Case 3 で問題となっている土地区画整理事業計画の決定は、一連の流れの最初の段階です。では、この段階で、具体的に権

利や義務を変動させる効果が発生したといえるでしょうか。

たしかに、この段階ではまだ、所有者は立退きを迫られてはいません。ですが、事業計画によると最終的には換地処分まで行われる予定となっています。そうすると、計画が決定した段階で土地の所有者は、計画が途中で変更されるなどの特段の事情がないかぎり、**換地処分を受けるべき地位に立たされた**といえます。

これは、計画によって具体的に発生した効果です。ですから、土地区画整理事業計画の決定には、処分性が認められます。

（2）計画の決定段階にも認めてよ！

判例は、土地区画整理事業計画の決定に処分性を認める理由として、次のような説明もしています。

⑧ 土地区画整理事業の事業計画の処分性

ある処分を取り消すと、取り消す利益よりも不利益が大きくなる場合には、本来は処分を取り消すべきだけれども不利益を避けるために取り消しません、という判決（事情判決）がだされてしまうことがあります。

事情判決については、第18章 取消訴訟の審理・訴訟の終了 2**(3)** で詳しく学習します。

換地処分がされた段階では、すでに工事も進んでいるので、今更すべてを元に戻すのはお金も時間もかかってしまい大変です。ですから、この段階で処分を争っても、事情判決がだされてしまい、土地所有者は救済されない可能性が高いのです。これを避け、確実に土地所有者を救済するためには、もっと早い段階で争うことを可能にするべきです。判例は、そのためにも計画の決定に処分性を認めるべきとしています。

このように、**実効的な救済**という視点も、処分性を判断する要素のひとつとなっています。

プラスα文献

試験対策講座 6 章 2 節 ③【1】
判例シリーズ 44 事件～56 事件

1	取消訴訟が提起されたが、訴訟要件が満たされていない場合、<u>請求棄却判決がだされる。</u>	× 2【1】
2	都道府県の知事が規則を制定して国民の権利利益を制限する場合には、<u>当該規則制定行為は常に取消訴訟の対象となる。</u>	× 5
3	最高裁判所の判例では、土地区画整理事業の事業計画の決定は、施行地区内の宅地所有者等の法的地位に変動をもたらすものであって、抗告訴訟の対象となると解するのが相当であるとした。 （特別区 H28 年改題）	○ 6

訴訟要件②原告適格——関係者以外お断り！

1 おばちゃんの食堂を守れ！
— 原告適格 —

キ……ここは基本！
ステ・君ならできる！
…できたらスゴイ！

Case 1

人気食堂のピンチ?!

20XX 年 5 月 20 日、私は岩手県α市に取材に来た。α市で A 子が経営している食堂は、「おばちゃんの食堂」とよばれて毎日地元の人々で賑わう人気店だ。ところがある日、たまたま食事をしていた保健所の職員のカレーライスに、窓から入って来た虫が偶然に入ってしまった。保健所の職員は「食事に虫が入っているなんて不潔だ！」とひどく怒った。そして、報告を受けた岩手県知事によって、食堂の営業禁止処分がされてしまったのだ。

だが、岩手県知事の措置は明らかにおかしい。虫は偶然外から入って来て、運悪く保健所の職員のカレーライスに入ったのであり、店は清潔なのだから、営業を禁止されるいわれはないはずだ。

A 子や、毎日食堂を利用していた常連客の B 男らは、営業禁止処分の取消訴訟を起こして食堂を守ることはできないのだろうか。　　　　　　法治新聞キャップ　政行

Answer 1 　A 子は営業禁止処分の取消訴訟を起こすことができますが、B 男らはできません。

食品衛生法第 61 条
都道府県知事は、営業者がその営業の施設につき第 54 条の規定による基準に違反した場合においては、その施設の整備改善を命じ、又は第 55 条第 1 項の許可を取り消し、若しくはその営業の全部若しくは一部を禁止し、若しくは期間を定めて停止することができる。

《復習 Word》
原告とは、訴訟における訴える側の当事者のことをいいます。

行政事件訴訟法第 9 条
原告適格
1　処分の取消しの訴え及び裁決の取消しの訴え（略）は、当該処分又は裁決の取消しを求めるにつき法律上の利益を有する者（略）に限り、提起することができる。

(1)　おばちゃんの食堂を守れるのはだれだ？

　Case 1 では、A 子に対して食堂の営業を禁止する処分（食品衛生法 61 条）がされています。これに対する取消訴訟を起こそうというとき、だれが訴訟の原告になることができるのでしょうか。

　訴訟の原告となることができる資格のことを、**原告適格**といいます。

　原告適格は、前章で説明した訴訟要件のひとつです。

(2)　おばちゃんは、食堂を営業できないのは困る！

　原告適格は、処分を取り消すことについて「**法律上の利益を有する者**」に認められます（行訴法 9 条 1 項）。

　A 子は営業を禁止された本人です。処分によって、食堂を営業する利益を直接侵害されています。そのため、処分を取り消すことで食堂を営業する利益を回復することができますから、法律上の利益を有するといえます。

　このように、**処分をされた本人には、問題なく原告適格が認められます**。

16-1

A子　　　　　　　　　　　　　　B男

食堂を営業する利益	おばちゃんの美味しい料理を食べる利益
↓	↓
法律上保護されている	法律上保護されていない
↓	↓
原告適格あり	原告適格なし

(3) お客は、あの料理を食べられないのは困る！

　問題となるのは、処分をされた本人以外の者に原告適格が認められるのかどうかです。法律上の利益を有する者にあたるかどうかを丁寧に考える必要があります。具体的には、処分を取り消すことによって得られる利益が**法律によって保護**されているといえれば、訴訟の原告になることができます。

　Case 1 の B 男らは、処分を取り消されれば、また A 子の美味しい料理を食べられるという利益を得ることができます。ですが、食品衛生法は、食事をする人の健康という利益を保護しているのであって、美味しい料理を食べる利益を保護しているわけではありません（食衛法 1 条参照）から、法律上の利益ということはできません。そのため、B 男らが原告になることはできません。

③

2 自分の命を守るにはこうする！
─法律上の利益の判断方法─

Case 2

D 社、耐火偽装の疑い?!

20XX 年 6 月 3 日、私は長崎県 β 市に取材に来た。C 男は β 市内の一戸建ての家に長年住んでいる。ところが、最近、規制緩和の影響で C 男の家の隣の敷地に高さ約 110 メートルのマンションが建設されることになった。建設を計画している D 社は、β 市の担当者に申請を行い、建築基準に関係する規定に違反していないという確認（建築確認）④を受け、建築を始めようとしている。

ところが、C 男によれば、D 社はマンションの耐火性能について計画書を偽装して建築確認を受けたらしい。実際には、コスト削減のため、マンションを耐火構造にせずに

③ **食品衛生法第 1 条**
この法律は、食品の安全性の確保のために公衆衛生の見地から必要な規制その他の措置を講ずることにより、飲食に起因する衛生上の危害の発生を防止し、もつて国民の健康の保護を図ることを目的とする。

④ 建築確認とは、建物の建築工事を始める前に、建物の高さや構造などについて建築基準法で決められた建築基準に合っているかどうかを、行政庁が審査することをいいます。違法な建築がされないようにするため、建築主は、建築確認を取得しなければ、建物を建てられないという決まりになっています。

建築しようとしているとのことだ。このような大きいマンションで火災が起きたら、隣にあるC男の家にもすぐに燃え移り、C男は家も命も失いかねない。

C男は建築確認の取消訴訟を起こせないだろうか。

法治新聞キャップ　政行

Answer 2　C男は建築確認の取消訴訟を起こすことができます。

(1)　処分を受けていなくても原告になれるの？

Case 2 の建築確認（建基法6条1項）という処分はD社に対するものですから、C男は処分を受けた本人ではありません。ですが、処分を受けた本人以外の者でも、**法律によって保護された利益**があれば、原告適格が認められます。

そして、処分の相手方ではない原告の利益が法律によって保護されているといえるかどうかの判断は、正確には**行政事件訴訟法9条2項**に従って検討していきます。

具体的には、処分の根拠になっている法令や関連法令の趣旨・目的、処分が法令に違反したときに失われる利益の性質などから、第三者の利益が法律上保護されているかどうかを判断します。

(2)　原告の利益はどこにあるの？

C男は建築確認という処分によってどのような利益を侵害されるおそれがあるのでしょうか。

もしC男の言うように、D社が耐火性能について計画書を偽装していたのであれば、マンションで起きた火事が大きくなるおそれがあります。そして、炎がC男の家に燃え移り、C男は家や多くの財産を失い、運が悪ければ命まで失ってしまうかもしれません。ですから、C男は、D社のマンションの建築確認という処分によって、生命・健康・財産という利

益を侵害されてしまうおそれがあるといえます。

16-2 •

C男の
生命・健康

C男の財産

(3) 建築基準法の趣旨・目的が大切！

（1）法は守ってくれているの？

　では、C 男の生命・健康・財産という利益は法律によって保護されているといえるでしょうか。行政事件訴訟法 9 条 2 項は、処分が定められている法律の趣旨・目的から考える必要があるとしています。

　建築基準法は何のために建築確認という処分を定めているのでしょうか。

　まず、①建築基準法のような個別法には、多くの場合、1 条に法律がつくられた目的が書かれています。建築基準法 1 条には、「国民の生命、健康及び財産の保護」があげられています⑦。また、②高さ 16 メートル以上の大きい建築物は一定の耐火建築物にしなければならないというルールがあり（建基法 21 条 1 項 2 号、2 条 9 号の 2 イ）、これに従っていなければ建築確認はできません⑧。このように、建築基準法は火事を防ぐということを考慮しているといえます。

　①と②を合わせて考えると、建築基準法が建築確認という処分を定めている目的のひとつは、**火事によって国民の生命・健康・財産が侵害されるのを防ぐ**という点にあると考えられます。ですから、生命・健康・財産という利益は、建築

⑦ **建築基準法第 1 条　目的**
この法律は、建築物の敷地、構造、設備及び用途に関する最低の基準を定めて、国民の生命、健康及び財産の保護を図り、もつて公共の福祉の増進に資することを目的とする。

⑧ **第 2 条　用語の定義**
⑨の 2　耐火建築物　次に掲げる基準に適合する建築物をいう。
イ　その主要構造部が(1)又は(2)のいずれかに該当すること。
(1)耐火構造であること。

①国民の生命、健康、財産の保護（1条）

＋

②耐火建築物にして火事を防ぐ（21条）

＝

火事によって国民の生命・健康および財産が
侵害されるのを防ぐという目的がある

基準法によって保護されているといえます。

⑨　また、**建築基準法以外に関係する法令がある場合には、そ
の趣旨・目的も考慮します。**

法令とは、国会が制定
する法律と行政機関が
制定する命令をいいま
す。

（2）「みんなを守りたい」ではダメ！─個別的利益の保護─

　ですが、原告適格が認められるためには、原告の利益が社
会全体の公益として保護されているというだけでは足りませ
ん。**原告の利益は、個人の利益として個別的に保護されてい
る必要があります。**

　Case 2でいえば、建築確認という制度が、個々の建物やそ
の中に住む人々の命ではなく、抽象的に建物の周辺の地域全
体の安全を守るためにあるのであれば、C男個人の利益とし
て個別的に保護されているとはいえませんから、C男は法律
上保護された利益をもっているとはいえません。

（3）C男個人の利益なのか？

　行政事件訴訟法9条2項は、**原告の利益の内容や性質を考
慮する必要がある**としています。具体的には、法律に違反し
た処分がされたときに、どのような利益がどのように侵害さ
れるのかを考えます。そして、**C男の重要な利益がひどく侵
害されるのであれば、社会全体の公益の問題とすることはで
きず、個人の利益として個別的に保護されている**といえるの
です。

　まず、C男の生命・健康・財産という利益は、重要なもので
す。特に、生命・健康については、これ以上重要なものはな

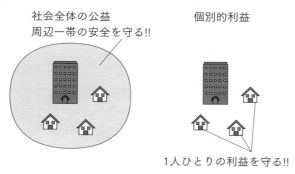

社会全体の公益
周辺一帯の安全を守る!!

個別的利益

1人ひとりの利益を守る!!

いというくらいに重要といえるでしょう。

　次に、耐火偽装によって火事が防げなかった場合、建設されている建物は、高さ110メートルのマンションという大規模なものですから、火事も大きくなってしまう可能性が高いです。そして、大きな火事が起きれば、すぐ隣のC男の家にたちまち燃え移ってしまうでしょう。そうなれば、C男の生命・健康・財産が侵害されてしまう可能性は非常に高いといえます。

　このような場合、もはや社会全体の公益の問題とすることはできません。C男個人の利益として保護されているのだというべきです。

⑷　結論、C男は訴えを起こせる

　このように、C男の生命・健康・財産という利益は、建築基準法によってC男個人の利益として保護されています。そのため、C男の利益は法律上保護されているといえますから、C男は「法律上の利益を有する者」にあたり、原告適格が認められます。

　行政事件訴訟法9条2項の条文はかなり複雑ですが、**Case 2**を例に検討の方法をマスターしましょう。ここを、図16-5にまとめたので、復習として見ておきましょう。

C男は「法律上の利益を有する者」か？
└→法律上保護された利益があればよい

①原告が侵害されそうな利益は？
　＝生命・健康・財産

②処分を定める法律の趣旨は？
　＝火事によって国民の生命・健康・財産が侵害
　　されるのを防ぐ趣旨

③個別的利益として保護されているか？
　火事が起きたときに、燃え移ってしまうような
　範囲の住人の生命・健康・財産は、個別的利益
　として保護されている
　　　　　　　　　⇩
　C男の利益は法律上保護されている

プラスα文献

試験対策講座 6 章 2 節 ③ 【2】

判例シリーズ 57 事件～65 事件

1	判例によると、取消訴訟の原告適格は、「法律上の利益」、つまり法律上保護された利益を行政処分によって侵害された場合に認められるものであり、「法律上の利益」の有無の判定は、当該行政処分の根拠となる実定法の規定を解釈することから考察を始めることになる。 (国Ⅱ H22年)	○ 1【2】
2	P市に住むXは、建築基準法に基づいて同市の建築主事に対して建築確認の申請を行い、建築確認を受け、書面で通知された。その建築確認が行われたことを知った、建築予定地の隣地に住むYは、建築確認の取消し訴訟を提起しようとしている。Yは、建築確認の相手方ではないから、Yが原告適格を有するか否かは、行政事件訴訟法第9条2項により判断される。 (国Ⅰ H20年改題)	○ 2【1】
3	処分の取消しの訴えについて、裁判所が処分の相手方以外の者の法律上の利益の有無を判断する場合、当該処分の根拠となる法令の趣旨が考慮され、<u>当該法令と目的を共通にする関連法令の趣旨が参酌されることはない。</u> (都庁 H20年)	× 2【3】(1)

第17章

訴訟要件③訴えの利益・その他の訴訟要件
──サブキャラでも無視できない！

……ここは基本！
君ならできる！
できたらスゴイ！

教科書によっては、「狭義の訴えの利益」と書かれていることもあります。これは、原告適格と合わせて「広義の訴えの利益」とよぶことがあるからです。本書では、「狭義の訴えの利益」のことを単に「訴えの利益」と表します。

免許停止処分とは、自動車等の運転免許の効力を一時的に止める処分をいいます。

1 その訴訟、続ける意味があるの？
──訴えの利益──

Case

免停明けたが心は晴れず……

20XX 年 7 月 22 日、私は沖縄県α市に取材に来た。α市に住む A 男は、車が趣味で、毎晩α市の海沿いを走り回っていた。ある日、A 男は制限速度を守って走っていたにもかかわらず、覆面パトカーに乗った警察官にスピードオーバーをしていたとして呼び止められ、免許停止処分を受けてしまった。

そこで、A 男は免許停止処分の取消訴訟を起こした。ところが、訴訟が長引いてしまい、その間に免許停止期間が終了した。

A 男はこの訴訟を続けることができるのだろうか。

法治新聞キャップ　政行

Answer　A 男はこの訴訟を続けることができません。

(1)　無意味な訴訟はやめましょう！

　訴えの利益というのは、処分を取り消すことによって原告が現実に受ける法律上の利益のことです。

　訴訟をするには、時間もお金も手間もかかります。ですか

ら、必要がないなら訴訟はしないほうが原告にとっても被告
にとってもいいことです。そのため、無駄な訴訟は、**訴えの
利益**がないとして却下されることになっています。

③ 被告とは、訴えられる人のことをいいます。

④ 却下とは、訴訟要件をみたさないため、訴えが不適法なものである場合に、訴えを排除することをいいます。その判決を、却下判決といいます。

(2) 処分の取消しによるメリットがあるのかな？

免許停止処分がされると、停止期間中、Ａ男は趣味である
車の運転が禁止されてしまいます。そして、免許停止処分の
取消訴訟で勝つことができれば、Ａ男は車の運転ができるよ
うになります。Ａ男は、このような利益を処分の取消しに
よって受けることができるはずでした。

ところが、**免許停止期間が終わると、Ａ男は処分を取り消
さなくても、車の運転ができるようになります**。ですから、
この場合、処分の取消しによって車の運転ができるようにな
るという利益を受けるわけではないのです。

(3) 名誉を回復したいけど……

免許停止処分を受け、停止処分者講習を受講すると、運転
免許証の備考欄に、受講した日時が記載されることがありま
す。運転免許証は、身分証明書として人に見せることが多い
ものです。そうすると、そのような記載のある運転免許証を
人に見せたときに、「もしかして、免停を受けたことがある
の？」と言われて、恥ずかしい、不名誉だという不利益を受
けるかもしれません。また、見せた相手の信用を失ってしま
うこともあるかもしれません。そのため、Ａ男は、処分を取
り消すことによって、このような**名誉や信用を回復する**とい
う利益を得られるということができます。

しかし、このような利益は法律上の利益とはいうことがで
きません。**名誉や信用といった利益は、事実上の利益にすぎ
ない**のです。ですから、このような利益があるとしても訴え
の利益があるとはいえません。そのため、Ａ男の訴えは、免
許停止期間が終わった時点で、却下されてしまうのです。

2 訴訟の相手はだれ？―被告適格―

　たとえば、法務大臣がMに対して処分を行ったという場合、Mは、だれを被告として取消訴訟を起こすことができるのでしょうか。法務大臣でしょうか、法務省でしょうか、それとも国でしょうか。

　実は、取消訴訟の被告となるには資格が必要です。この資格のことを**被告適格**といいます。行政事件訴訟法11条で、被告適格についてのルールが定められています。

　第2章 行政のしくみで、処分は**行政庁**が行うのだとお話ししました。そして、被告は処分を行った行政庁がどこに所属するのかによって決まることになっています（行訴法11条1項1号など）。法務大臣のように、処分を行った**行政庁が国に所属しているなら、国が被告**となります。神奈川県知事のように、**処分を行った行政庁が地方公共団体に所属しているなら、神奈川県などの地方公共団体が被告**となります。

17-1 ●──────

```
処分をしたのが国の行政庁    ──→ 被告は国
    ex. 法務大臣が処分したら ──→ 被告は国

処分をしたのが地方公共団体の行政庁 ──→ 被告は地方公共団体
    ex. 神奈川県知事が処分したら    ──→ 被告は神奈川県
```

───────────────────────────────

3 まだ間に合うの？―出訴期間―

　処分を受けた人は、いつまで取消訴訟を起こすことができるでしょうか。10年前にされた処分をふと思い出して、取消訴訟を起こすことはできるのでしょうか。

　そんなことを許していては、処分が取消しによって効力を失うのかどうかがいつまで経っても決まりません。

　そこで、取消訴訟には出訴期間が定められていて、それを

行政事件訴訟法第11条　被告適格等
1　処分又は裁決をした行政庁（略）が国又は公共団体に所属する場合には、取消訴訟は、次の各号に掲げる訴えの区分に応じてそれぞれ当該各号に定める者を被告として提起しなければならない。
①　処分の取消しの訴え　当該処分をした行政庁の所属する国又は公共団体

過ぎると訴訟を起こせなくなります。具体的には、①処分があったことを知った日から6か月を経過した時、または、②処分の日から1年が経過した時のどちらか早いほうまでしか訴訟を起こせません。ですから、10年前にされた処分について取消訴訟を起こすことは許されません。

17-2

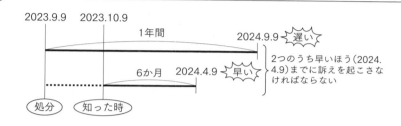

4 訴訟は審査請求をしてから ―審査請求前置―

第13章、第14章の行政不服申立てのところで、審査請求についてお話ししました。審査請求と取消訴訟の関係については、いずれの手続をとるかを自由に選択できるというのが原則です（自由選択主義）。ただし、個別法で、取消訴訟を起こす前に必ず審査請求を行わなければならないと決まっていることがあります。たとえば、国家公務員法では、処分の取消訴訟を起こすためには、必ずその前に審査請求をしなければならないとされています（国公法92条の2）。

このように法律で書いてある場合、すでに審査請求をしているということが訴訟要件となります。ですから、まだ審査請求をしていなければ、訴えは却下されてしまうのです。

⑥ 国家公務員法92条の2 審査請求と訴訟との関係
第89条第1項に規定する処分であつて人事院に対して審査請求をすることができるものの取消しの訴えは、審査請求に対する人事院の裁決を経た後でなければ、提起することができない。

プラスα文献
試験対策講座6章2節③【3】・【4】
判例シリーズ66事件〜71事件

1	最高裁判所は、自動車運転免許の効力停止処分を受けた者は、免許の効力停止期間を経過し、かつ、当該処分の日から無違反、無処分で1年を経過したときであっても、当該処分の記載のある免許証を所持することにより警察官に処分の存した事実を覚知され、名誉、感情、信用を損なう可能性が常時継続して存在するのであるから、<u>当該処分の取消しによって回復すべき法律上の利益を有する</u>とした。 (特別区 R1 年)	× 1【3】
2	国の行政庁がした処分に関する取消訴訟の被告は、国である。 (行書 H21-16)	○ 2
3	取消訴訟は、処分又は裁決があったことを知った日から6か月を経過したときは提起することができず、処分又は裁決の日から1年を経過したときも同様である。 (国一般 R1 年)	○ 3

取消訴訟の審理・訴訟の終了
——取消訴訟、これにて完結！

1 取消訴訟の審理ってどんな内容？

　これまでは、訴訟要件がみたされるかどうか、という話でした。この章では、訴訟要件がみたされていることを前提に、原告の請求が認められるかどうか、という取消訴訟の審理についてと、取消訴訟の終了の仕方や判決の効力についてみていきます。

(1) 取消訴訟のトークテーマ
—取消訴訟の審理の対象—

　取消訴訟では、訴訟要件をみたしている場合、何を審理するのでしょうか。取消訴訟を起こすと、処分が違法であれば、その処分が取り消されます。ですから、取消訴訟では、**処分が違法かどうか**を審理します。この処分の違法は、処分の内容が法令に違反していることと、処分の手続が法令に違反していることの両方を含みます。

18-1

ここでおさえておきたいことは、この本のさまざまな章に
あった**処分の違法性に関する話は、この審理の段階で判断さ
れる**ということです。たとえば、第3章 行政の基本原理で説
明した信義則違反による違法は、**処分の内容が法**（行政法の一
般原則）**に違反している**ことにあたります。また、第9章と第
10章の行政手続法で説明した行政手続法違反による違法は、
処分の手続が法に違反していることにあたります。

　　行政法を学習するとき、処分の違法性の話と訴訟の審理の
話は、関係のないものだと考えがちです。しかし、処分の違
法性を審理の段階で判断するということを意識して学習すれ
ば、この2つの話がリンクし、行政法の全体像がわかってく
ると思います。

(2)　どこまで主張していいの？ ―主張制限―

　　さて、処分の違法性は、何でも主張できるのでしょうか。
　　取消訴訟は、違法な処分によって被害を受けた人を救うた
めの制度です。この目的からすると、被害を受けた原告を救
うのに必要なかぎりで処分の違法を主張できれば十分です。
そのため、原告は、**「自己の法律上の利益に関係のない違法」
について**は、**主張することができません**（行訴法10条1項）。
　　ちょっと複雑ですが、具体例で考えてみましょう。国が航
空会社にだした定期便を飛ばすための事業免許について、空
港の周りの住民が取消訴訟を起こし、原告適格が認められた
とします。このとき、住民たちは、処分が違法である理由と
して、①騒音がひどく住民に健康被害をもたらすこと、②免
許のだしすぎで空港が過密状態になることという2点を主張
したいと考えました。これは認められるのでしょうか。
　　まず、①については、**健康は住民自身の身体に関わる問題**
ですから、住民の「自己の」利益といえ、主張できます。一
方、②については、**空港が混みすぎかどうかは利用客みんな
に関わる問題**ですから、公益であって、住民の「自己の」利

**行政事件訴訟法第10条
取消しの理由の制限**

1　取消訴訟においては、
自己の法律上の利益に関
係のない違法を理由とし
て取消しを求めることが
できない。

益とはいえません。ですから、②については主張できません。

18-2

(3) 私たちに身近な取消訴訟へ ─ 教示 ─

　行政事件訴訟法においても、第14章 行政不服申立て②教示・執行停止制度など 】 で学習した**教示制度**（行訴法46条）があります。行政庁は、処分や裁決を書面でする場合に、その相手方に対して、だれを被告とし、いつまでに訴えるのかなどを、**書面で教えなければなりません**。この制度のおかげで、私たちは取消訴訟を利用しやすくなるのです。ただし、処分が口頭でされた場合は、教示をする必要はありません。

　では、行政不服審査法の教示制度とどこが違うのでしょうか。違いはいくつかありますが、特に重要なのが、だれが教示を要求することができるのかということです。

　行政不服審査法では、利害関係人から要求があった場合、処分の相手方以外の第三者であっても教示しなければなりません。これに対して、行政事件訴訟法では、処分の相手方以外の第三者に対する教示をする必要はないのです。

(4) ピンチ！処分が執行されてしまう！
─ 執行停止制度 ─

　取消訴訟が起こされても、**処分の執行などは止まりません**（行訴法25条1項）。これを**執行不停止の原則**といいます。ただ
②

裁決については、第14章 行政不服申立て②教示・執行停止制度など 4(1)を見よう！

第三者に対する教示については、第14章 行政不服申立て②教示・執行停止制度など 1(3)を見よう！

② 行政事件訴訟法第25条　執行停止
1　処分の取消しの訴えの提起は、処分の効力、処分の執行又は手続の続行を妨げない。

取消訴訟、これにて完結！　*157*

し、この原則を厳格に貫くと、訴訟をしている最中に処分の執行がされるなどして、本案訴訟で勝訴しても手遅れになってしまいます。そこで、**執行停止制度**（行訴法25条2項）がつくられました。

③

執行停止とは、行政不服申立てや抗告訴訟が起こされた場合に、国民の利益を守るため、問題となっている行政処分を、念のために一時的にストップさせ、その処分の執行などの全部または一部をできなくさせる制度をいいます。

執行停止については、第14章 行政不服申立て②教示・執行停止制度など2を見よう！

18-3

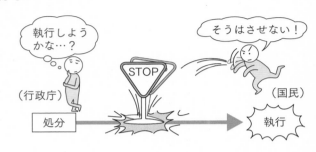

これらは、行政不服審査法の執行停止制度とまったく同じなのでしょうか。行政不服審査法では、処分庁の上級行政庁または処分庁が審査庁である場合、審査庁が職権による執行停止ができ、また、その他の柔軟な措置をとることができます。これに対して、行政事件訴訟法では、裁判所の職権による執行停止はできず、その他の措置といった柔軟な対応策も行えません。この2点が、行政不服審査法における執行停止と違います。

④

職権によるとは、関係者から権限の発動を求める申請がなくても、審査庁がみずからの意思で積極的に一定の処分を行うことをいいます。

2 取消訴訟のフィナーレ！

(1) フィナーレの4パターン

取消訴訟は、主に判決がされると終了します。判決には、**却下判決、請求認容判決、請求棄却判決、事情判決**があります。

まず、**却下判決**は、第15章から第17章までで説明した訴訟要件をみたさないことから、訴えが不適法なものである場合に、訴えを排除する判決です。

　次に、**請求認容判決**は、訴訟要件をみたしていることを前提に、処分に取り消すだけの違法性がある場合に、処分を取り消す判決をいいます。ちなみに、処分を取り消す判決であることから、**取消判決**ともよばれます。これに対して、**請求棄却判決**は、処分に取り消すだけの違法性がない場合に、請求を認めないとする判決をいいます。

　最後に、**事情判決**は、請求棄却判決の特殊な類型です。重要な訴訟類型なので、**(3)** で詳しくお話しします。

(2)　判決のもつ4つの力

　取消訴訟における判決は、**形成力**、**第三者効**、**既判力**、**拘束力**という効力をもちます。ただし、これは請求認容判決の場合の効力であり、請求棄却判決の場合は、既判力だけが生じることになります。それぞれの効力については、図18-4から図18-6までを見てイメージしながら進みましょう。

(1)　あの処分をなかったことにしよう！

　請求認容判決が確定すれば、行政処分ははじめからなかったものとして扱われます。そのため、行政庁が改めて処分を取り消す必要がありません。このような判決の力を**形成力**といいます。

18-4

(2)　第三者にも効き目があります

　形成力は、原告（国民）と被告（行政庁）との間で生じます。

《復習 Word》
収用裁決とは、土地収用
をめぐって起業者側と所
有者側との間に争いがあ
る場合に、第三者である
収用委員会が争いについ
ての決定を行う処分をい
います。
土地収用や起業者につい
ては、第 5 章　行政行為 1
(ｲ)（2）を見よう！

ただし、行政事件訴訟法では、この形成力は第三者にも及ぶ
とされています（行訴法 32 条 1 項）。これを**第三者効**といいま
す。

　たとえば、土地を所有する M が、自分の土地の所有権を起
業者 N に移転させる収用裁決の取消訴訟を起こしたとしま
す。このとき、被告となるのは収用委員会がある都道府県で
すが、M が勝訴すると、この取消判決の効力は、N にも及ぶ
のです。

18-5

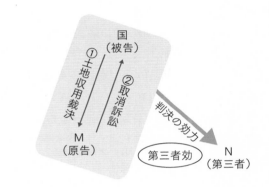

（3）蒸し返しはダメ！

　判決がされると、前の訴訟（前訴）の当事者や裁判所は、後
に起こされた訴訟（後訴）の裁判で、同じ事項について、判決
の内容と矛盾する主張や判断を行うことができなくなりま
す。これを**既判力**といいます。既判力については、民事訴訟
法に定めがあります（行訴法 7 条・民訴法 114 条）。

　たとえば、国からある処分をされた原告 M が、取消訴訟を
起こします（前訴）。ここで、処分は適法であると判断され、原
告の請求が棄却された場合、M が再度同じ処分について取消
訴訟を起こしても（後訴）、「その処分が違法である！」という
主張はできないのです。

（4）裁判所の判断に従いなさい！

　請求認容判決がされると、処分や裁決をした行政庁や、その事件に関係のある行政庁は、その判決に拘束されます（行訴法33条1項）。これを**拘束力**といいます。

　たとえば、公務員Mが、飲酒運転をしたとして給料を減らす処分がされたとします。この場合にMが取消訴訟を起こして取消判決がされると、行政庁は、Mに対して、同じ事実を理由とする同じ内容の処分をすることはできないのです。

　既判力と内容が似ていますが、既判力が**後訴の裁判所・当事者**を拘束するのに対して、拘束力は**行政庁**を拘束するというところが違います。

⑥　**行政事件訴訟法第33条　取消判決等の効力**
1　処分又は裁決を取り消す判決は、その事件について、処分又は裁決をした行政庁その他の関係行政庁を拘束する。

18-6 ●

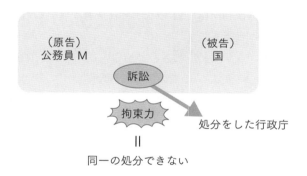

《3》　これがほんとの大人の事情？─事情判決─

Case

処分は違法！だが取り消していいのか？

20XX年8月6日、私は愛知県α市に取材に来た。α市は、土地を有効に使うために換地計画を立て、土地を整理しはじめている。しかし、その計画に計算ミスがあり、A男の換地後の土地が1平方メートル少ないことが発覚した。

そこでＡ男は、７月に行われたＡ男に対する換地処分の取消しの訴えを８月１日に起こしたそうだ。

私は裁判を見に行ったが、裁判官の感触はよく、違法と判断しそうな様子だ。しかし、その時点で５か年計画のうち４年が過ぎており、すでにα市は当初の計画に沿って換地処分を済ませていた（計画進行度80パーセント程度）。このとき、Ａ男の土地の換地処分を取り消して内容を変えるとなると、他の土地や計画全体に支障が出てしまうのは明らかだ。

裁判所は、換地処分を取り消さないことができるのだろうか。　　　　　　　　　　法治新聞キャップ　政行

Answer 裁判所は、換地処分を取り消さないことができます。

行政処分が違法であるとき、どんな場合でも取り消す判決（請求認容判決）をしていいものでしょうか。

たしかに、処分が取り消されないとＡ男には不利益が生じますが、それはわずか１平方メートル分の土地が失われるという小さいものといえます。その反面、処分を取り消してしまうと、キャップ政行の感じたとおり、他の人の処分や換地計画全体に支障がでます。計画が80パーセントも進行しているため、今から計画を変えるとなると、その影響は大きく、これまでかけた莫大な手間、時間、費用が無駄になり、更なるコストもかかってしまいます。

このような場合、たとえ行政処分が違法であっても、取り消すのではなく、「原告の請求を棄却する。ただし、被告の原告に対する換地処分は違法である」という判決をすることができます。これを、**事情判決**といいます（行訴法31条1項）。⑦

この制度があるおかげで、現在にいたるまでに積み重なった事実を尊重して、個人の利益よりも国民全体の利益を優先させることができます。また、先ほどの判決のように違法の

行政事件訴訟法第31条　特別の事情による請求の棄却
1　取消訴訟については、処分又は裁決が違法ではあるが、これを取り消すことにより公の利益に著しい障害を生ずる場合において、原告の受ける損害の程度、その損害の賠償又は防止の程度及び方法その他一切の事情を考慮したうえ、処分又は裁決を取り消すことが公共の福祉に適合しないと認めるときは、裁判所は、請求を棄却することができる。（略）

宣言がされることで、Ａ男はお金で賠償してもらいやすくなります。このようにして、個人の利益と国民全体の利益とのバランスをとっているのです。

18-7 ●

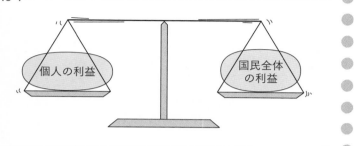

プラスα文献
試験対策講座 6 章 2 節4、5
判例シリーズ 72 事件、73 事件

1	行政庁は、取消訴訟を提起することができる処分をする場合には、相手方に対し、取消訴訟の被告とすべき者等を教示しなければならないが、審査請求に対する裁決をする場合には、それに対する取消訴訟に関する教示の必要はない。　（行書 H27-18）	○ 1【3】
2	処分の取消しの訴えが提起された場合には、原則として処分の執行は停止されない。　（国 I H21 年改題）	○ 1【4】
3	収用裁決の取消訴訟を土地の所有者が提起して、取消判決を得た場合、その収用裁決によって当該土地の所有権を取得して事業を行う起業者は、当該訴訟の当事者ではないので、当該取消判決の効果を受けない。　（国 I H21 年）	× 2【2】(2)
4	取消訴訟については、裁判所は、処分または裁決が違法であっても、これを取り消すことにより公の利益に著しい障害を生ずる場合において、いっさいの事情を考慮したうえ、その取消しが公共の福祉に適合しないと認めるときは、いわゆる事情判決により原告の請求を棄却することができる。　（財務 H25 年）	○ 2【3】

第19章

第19章

その他の行政事件訴訟── 作戦名"アタック6！"

】 "アタック6！" の全体像をつかもう！

キ……ここは基本！
スデ…君ならできる！
…… できたらスゴイ！

　この章では、取消訴訟以外の訴訟をみていきます。原告は、次の図19-1にある太線で囲まれた6つの訴訟のうちから選んで訴訟を起こします。どの形式を選ぶかは、原告のおかれた状況や要望によって変わります。そのため、どういう場合にどの訴訟を起こすのかを整理すると、学習がはかどります。それぞれの訴訟を具体例でみた後に、この章の最後にあるCaseで力試しをしてみてください。

　枠組みを簡単にいうと、まず、訴訟を起こす原告自身の利益を保護するための**主観訴訟**と、原告の利益とは関係なく、行政側の適法な運営を保つための**客観訴訟**とに分かれます。主観訴訟は、行政庁の違法な行為を争う**抗告訴訟**と、**6**で学習する**当事者訴訟**とに分かれます。

19-1 ●

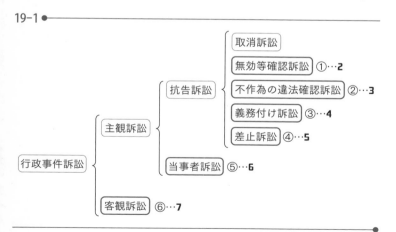

まずは全体像をつかんだうえで、詳しくみていきましょう。

2 あっ、取消訴訟をし忘れた！
― 無効等確認訴訟 ―

《復習 Word》
課税処分とは、国民1人
ひとりの払う税金の額を
決めることをいいます。

出訴期間については、第
17章 訴訟要件③訴えの
利益・その他の訴訟要件
3を見よう！

無効については、第5章
行政行為 1 (3) (2) を見
よう！

Aは税務署長から違法な課税処分を受けたけれども、取消訴訟を起こし忘れ、出訴期間が過ぎました。Aは何も訴訟を起こせないのでしょうか。

出訴期間を過ぎているため、Aは取消訴訟を起こすことはできません。ですが、行政行為が無効といえるような重大かつ明白な間違いがある場合にも争えないとすると、国民の権利救済に酷といえます。そこで、**出訴期間が過ぎた場合の手段**として、**無効等確認訴訟**が用意されています（行訴法3条4項）。そのため、Aは、その処分に重大かつ明白な間違いがある場合には、課税処分の無効確認訴訟を起こすことができるのです。

> **行政事件訴訟法第3条**
> **抗告訴訟**
> 4　この法律において
> 「無効等確認の訴え」
> とは、処分若しくは裁
> 決の存否又はその効力
> の有無の確認を求める
> 訴訟をいう。

無効等確認訴訟は、法律ではっきり決まっているわけではありませんが、基本的には取消訴訟の出訴期間が過ぎた後に起こすものとされています。このことから、「時機に後れた取消訴訟」ともよばれています。

19-2 ●━━━━━━━━━━━━━━━━━━

```
                              ┌──────────────┐
                              │ 無効等確認訴訟 │
                              └──────────────┘
  処分                                    │
   ├────────────────────┤─────────→ 時間経過
   └────────┬────────┘
      取消訴訟の出訴期間
```
━━━━━━━━━━━━━━━━━━━━━━━━━━●

3 何もしないのはおかしいだろう！
― 不作為の違法確認訴訟 ―

Bは、「三郎」というラーメン屋を始めるため、飲食店の営

業許可の申請をしました。食品衛生法上、県知事の許可が必要だからです。ですが、いつまで経っても県知事が何の処分もしないため、Bは「何の処分もしないなんて怠慢だ！」と怒っています。この場合、処分をしないことが違法だというために、何か手段があるでしょうか。

このように行政庁が申請を放置する場合、取消訴訟を起こすことができません。なぜなら、取り消すべき処分がまだ存在しないからです。そこで、**行政庁が申請を放置する場合**の手段として、**不作為の違法確認訴訟**が用意されています（行訴法3条5項）。簡単にいえば、行政庁がある処分をしないことが違法であることを確認する訴訟のことをいいます。そのため、Bは、不作為の違法確認訴訟を起こして、「ラーメン屋の営業許可申請について、何も処分をしないことが違法だ！」と主張できるのです。

【不作為の違法確認訴訟】

行政庁

おい！
何も処分しないのは
おかしいだろう！

国民

4 許可しなさい！ ―義務付け訴訟―

Cは、市立保育園に長男の入園を申請したところ、拒否されました。しかし、Cは仕事があるため、入園を認めてもらう必要があります。この場合、Cに何か手段があるでしょうか。

このような場合、取消訴訟を起こして拒否処分を取り消しても、入園できるわけではありません。取り消しても、入園

《復習 Word》
申請とは、法令上、個人が行政庁に対して許可等を求め、行政庁が承諾するか拒否するか応答する必要があるものをいいます。

《復習 Word》
不作為とは、一定の行為をしないことをいいます。ここでは、申請されているため承諾するか拒否するか応答することが求められているところ、その応答をしていないことが不作為にあたります。

② **行政事件訴訟法第3条 抗告訴訟**
5　この法律において「不作為の違法確認の訴え」とは、行政庁が法令に基づく申請に対し、相当の期間内に何らかの処分又は裁決をすべきであるにかかわらず、これをしないことについての違法の確認を求める訴訟をいう。

拒否処分がなかった状態に戻るだけだからです。そのため、Cの長男が入園するためには、入園許可処分をさせる必要があります。そこで、このように、**行政庁に具体的な処分をしてほしい場合**の手段として、**義務付け訴訟**が用意されています（行訴法3条6項）。この具体例でいえば、入園許可処分の義務付け訴訟を提起することになります。

【義務付け訴訟】

許可しなさい！

裁判所

義務付け判決

市民

行政庁

　義務付け訴訟は、①**申請後何も処分をしない場合**（行訴法3条6項2号、37条の3第1項1号）、②**申請したが拒否された場合**（行訴法3条6項2号、37条の3第1項2号）、③**申請を前提としない場合**（行訴法3条6項1号）に起こします。それぞれ、代表的な訴訟要件をいくつかみてみましょう。①の場合、義務付け訴訟とあわせて **3** での**不作為の違法確認訴訟**を起こすことが必要です。②の場合、**拒否処分の取消訴訟または無効確認訴訟**を起こすことが必要です。これに対して、③の場合、①②では不要な、**重大な損害が生ずるおそれ**の要件が必要になります。

　このCは、申請したところ拒否されています。そのため、Cは、拒否処分の取消訴訟と一緒に入園許可処分義務付け訴訟を起こすことになります。

　ちなみに、義務付け訴訟で勝訴するまでは、入園することができない状態が続きます。これでは、健やかな保育を受ける機会が日に日に失われてしまいます。そのため、緊急の場

合には、**仮の義務付けを申し立てることができます**（行訴法37条の5第1項）。簡単にいえば、第18章 取消訴訟の審理・訴訟の終了】**(4)**で説明した執行停止の義務付け訴訟バージョンです。仮の義務付けが認められれば、とりあえずの間、入園が認められるのです。

5 ちょっと待って！ ―差止訴訟―

　α県β市にあるγ湾の近隣住民であるDは、β市がγ湾の埋立工事計画を進めており、α県知事に公有水面埋立許可の出願をしたことを知りました。埋立工事がγ湾の景観を損なうことを心配したDは、α県知事が公有水面埋立許可をださないようにできるのでしょうか。

　処分がされた後に取消訴訟を起こして、執行停止の申立てが認められても、手遅れになる場合があります。そこで、**処分がされる前のタイミングで、その処分をさせずに止めたい場合、差止訴訟を起こすことができます**（行訴法3条7項）。このように、処分をさせずに止めることを差止めといいます。この具体例では、取消訴訟を起こし、執行停止の申立てをしたのでは間にあわない可能性が高いので、Dは差止訴訟を起こすことになります。

④ 公有水面とは、川・海・湖・沼その他の公共のために使われている水流または水面で、国の所有に属するものをいいます。港湾施設の整備など、公有水面の埋め立てをする場合には、公有水面埋立法に基づき、都道府県知事から公有水面埋立許可を受ける必要があります。

⑤ **行政事件訴訟法第3条抗告訴訟**
7　この法律において「差止めの訴え」とは、行政庁が一定の処分又は裁決をすべきでないにかかわらずこれがされようとしている場合において、行政庁がその処分又は裁決をしてはならない旨を命ずることを求める訴訟をいう。

【差止訴訟】

処分しようかな…？

そうはさせない！

STOP

（国民）

（行政庁）　→　処分

ただし、簡単に差止めを認めると、行政の運営に支障がで

ます。そのため、**重大な損害が生ずるおそれ**などといった要
件をみたす必要があります。

　ちなみに、勝訴判決が得られないかぎりは処分を差し止め
ることはできません。そのため、緊急の場合には、**仮の差止
め**を申し立てることができます（行訴法 37 条の 5 第 2 項）。これ
も、仮の義務付けと同じく、執行停止の差止訴訟バージョン
といえます。仮の差止めが認められれば、とりあえずの間、
処分を差し止められます。

6 権利救済の最後の砦！
―当事者訴訟―

　これまでが抗告訴訟でした。次は**当事者訴訟**です。

　当事者訴訟とは、①**当事者間の法律関係を確認しまたは形
成する処分または裁決がされたときに、法律で、当事者同士
で争うことが決められている場合**と、②**公法上の法律関係に
ついて行政と争う場合**に起こす訴訟のことをいいます（行訴
法 4 条）。

　①については、土地収用法で用意されている損失補償の訴
えが典型例です。図 19-3 を見てください。たとえば、E が
所有する土地が公共事業のために買い上げられると、E は補
償金というお金がもらえます。この補償額に不満がある場合、
E は、土地を取得する F を被告として争うのです。

　ここで思い出したいのは、**取消訴訟の排他的管轄の原則**で
す。この原則からすると、E は、補償額を決めた収用委員会
に対して取消訴訟を起こさなければ、補償額について争うこ
とができないはずです。ところが、土地収用法は、この原則
の例外として、土地を奪われる E と土地を取得する F の当事
者同士で争うよう規定しているのです。

　②については、たとえば、公務員が無効な免職処分を受け
たときに、公務員としての地位を確認することを求める訴え

**行政事件訴訟法第 4 条
当事者訴訟**
この法律において「当
事者訴訟」とは、当事
者間の法律関係を確認
し又は形成する処分又
は裁決に関する訴訟で
法令の規定によりその
法律関係の当事者の一
方を被告とするもの及
び公法上の法律関係に
関する確認の訴えその
他の公法上の法律関係
に関する訴訟をいう。

損失補償については、第
21 章 損失補償で詳しく
学習します。

土地収用や収用裁決につ
いては、第 5 章 行政行為
1**(1)**（2）を見よう！

取消訴訟の排他的管轄の
原則については、第 5 章
行政行為 1**(3)**（1）を
見よう！

収用委員会とは、土地
収用法に基づいて収用
裁決や損失の補償につ
いての決定を行う委員
会をいいます。

委員会については、第 2 章
行政のしくみ 2**(2)**（2）
を見よう！

免職処分とは、国等の
任命権者が、公務員の
身分を失わせる処分の
ことをいいます。

などがあげられます。**図 19-4** を参照してください。

　ちなみに、行政事件訴訟法が 2004（平成 16）年に改正され
たとき、「公法上の法律関係に関する確認の訴え」という文言
が加えられたことから、この当事者訴訟を積極的に使うべき
だといわれています。そのため、処分性が認められないよう
な事件では、国民の権利救済の最後の 砦（とりで）ともいえます。

19-3 ●

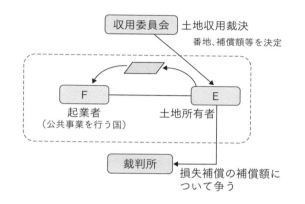

19-4 ●

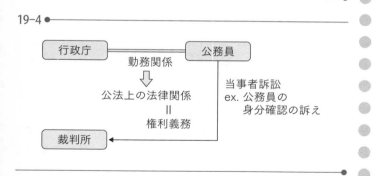

7 法の秩序を保つため！― 客観訴訟 ―

　客観訴訟とは、行政側の適法な運営を保つことを目的とす
る訴訟のことをいいます。これは、これまで学習してきた主
観訴訟と違って、原告の利益が害されているかどうかにかか

わらず起こすことができるものです。本来の訴訟は、個人の利益が害されていることが前提となっているため、この訴訟類型は特殊といえます。

　客観訴訟は、**機関訴訟**（行訴法6条）と**民衆訴訟**（行訴法5条）とに分かれます。機関訴訟は、行政機関同士の争いを裁判所で解決する訴訟をいいます。民衆訴訟は、自分の利益にかかわらず、行政機関の行為を正しくするよう求める訴訟をいいます。たとえば、地方自治法の**住民訴訟**（地自法242条の2）があげられます。少し特殊な制度なので、ここでは、こういった性質の訴訟があるとだけおさえておきましょう。

住民訴訟については、第22章 地方自治法3❷で詳しく学習します。

🔒 Case で考えてみよう！
―訴訟選択―

Case

国旗・国歌をめぐる国 vs 先生！その行方は？

20XX年9月26日、私は福岡県α市にある公立高校に取材に来た。校長は入学式等のたびに、学校の教員に対して国旗に向かって立ち、国家を歌うよう命令をしている。この命令に従わなかった教員は、なんらかの処分がされるそうだ。ある情報源によれば、1回目の違反行為なら戒告され、2・3回目なら給料が減らされ、4回目以降は停職にされるらしい。

取材に応じてくれた教員のA男は、「国旗に向かって立ったり国歌を歌ったりは絶対にしない。しかし、処分がされるのも嫌だ」と言っていた。次回の入学式は、20XX年4月8日である。起立・斉唱をしなければなんらかの処分がされることになる。

A男は、処分をされないために、どういった訴訟を提起す

戒告とは、公務員に対する処分のひとつで、注意したり叱ったりするものをいいます。

停職とは、公務員に対する処分のひとつで、公務員の身分はそのままで、働かせないことをいいます。

Answer　A男は、戒告などの処分をされないために、差止訴訟を提起するべきです。

　この **Case** でのA男は、これからなんらかの処分を受けるであろう状況にあります。この処分は、行政庁の公権力の行使にあたる行為です。しかし、まだ処分がされてはいないため、取消訴訟や無効等確認訴訟を起こすことはできません。むしろ、A男の要望は、「これからされるだろう処分をさせない！　止めたい！」ということにあります。また、A男が受ける可能性のある処分は、校長の命令に背く度に行われるうえ、回数が増えるごとに処分の内容も重くなっていく危険があるため、「重大な損害を生じるおそれ」があるといえそうです。そのため、この **Case** では、**5** で説明した差止訴訟を起こすことが考えられます。

　このように、基本的には、原告のおかれた状況、原告の要望をふまえて、どのような訴訟を選ぶのかを考えることになるのです。

プラスα文献
試験対策講座 6 章 2 節①、⑥〜⑪
判例シリーズ 74 事件〜78 事件

1	申請拒否処分がなされた場合における申請型義務付け訴訟は、拒否処分の取消訴訟と併合提起しなければならないが、<u>その無効確認訴訟と併合提起することはできない。</u>　　　　　　　　（行書 R2-19）	× 4
2	差止訴訟の提起にあたっては、一定の処分または裁決がされることにより<u>回復困難な損害を生ずるおそれ</u>があることが、訴訟要件として必要とされる。　　　　　　　　　　　　　（法検上級 H23 年）	× 5
3	当事者間の法律関係を確認しまたは形成する処分に関する訴訟で法令の規定によりその法律関係の当事者の一方を被告とするものは、当事者訴訟である。　　　　　　　　　　　　（行書 H21-18）	○ 6

Topics

保育園に入園する機会が奪われた！それって、あとから償える？

あなたは保育園に通っていたことがありますか？　保育園は、友達をつくり、共に遊び、共に学ぶという、かけがえのない経験の始まりの場所です。

しかし、保育園への入園が常に認められるとはかぎりません。保育園を運営する市から、入園不許可処分を受けることがあります。そして、これに対して争う場合には、入園許可処分の義務付け訴訟をするという方法が考えられます。

処分の義務付け訴訟を提起して認容判決がだされると、処分をしてもらうことができます。ですが、認容判決がでるまでには、いろいろなことを審理しなければならないので、とても長い年月がかかってしまいます。

そんなに長くは待てないので、とりあえず今すぐ処分をしてもらおうというのが、第 19 章 その他の行政事件訴訟 4 で少し紹介した、**仮の義務付けの申立て**という制度です。この申立てが認められるのは、処分がされないと「**償うことのできない損害**」が発生してしまう場合にかぎられています（行訴法 37 条の 5 第 1 項）。

では、保育園に入れないことは、償うことのできない損害といえるでしょうか。こんな判例があります。

気管の病気のため、のどに穴をあけて気管へ空気を送る器具を装着している少女が、市営保育園に入園を申し込みました。ですが、適切な保育をするのは難しいという理由で拒否をされてしまいました。そこで、両親が入園許可処分の義務付け訴訟を起こすとともに、仮の義務付けの申立てをしたのです。

裁判所は、幼児期というのは、自主的な精神を育んだり、社会生活をするために必要な能力を身につけたりする大切な時期なので、その時期を保育園で過ごすことは子の成長のために重要であるとしました。そして、保育園で保育を受ける機会を失うという損害は、償うことのできない損害であると判断したのです。そうして、少女は無事に保育園に入園できました。

もし、仮の義務付けの制度がなければ、少女は保育園で保育を受けることはできなかったでしょう。なぜかといえば、保育園に入る年齢は決まっていますから、義務付け訴訟の判決がでるまでの長い時間を待っていては、間に合わないおそれがあるからです。

このように、仮の義務付けの制度は、人々の大切な利益が奪われることを未然に防ぐ、とても重要な制度なのです。

国家賠償
── 国だからって何でもしていいわけじゃない！

 キ……ここは基本！
ス デ…君ならできる！
……できたらスゴイ！

1 下っ端のミスはボスのミス
──国家賠償法1条──

Case 1

非道！市民に発砲した悪の警察官！

20XX年10月18日、私は兵庫県α市に取材に来た。警察官による信じられない事件だ。α市に住むA子は、夕方、自宅に向かう道を歩いていた。すると、警察官の格好をしたB男が近づいてきて、「職務質問だ！この鞄は怪しい。盗品の可能性があるから預からせてもらう」と、A子の鞄を無理やり取り上げようとした。しかも、A子が抵抗すると、なんとB男は拳銃を取り出して、A子に向かって発砲した。その銃弾がA子の足に当たり、A子は重傷を負った。B男は兵庫県警の警察官だが、事件当日は非番だった。金に困って犯行に及んだらしい。金に困っているB男に治療費を請求しても、払えるわけがない。

A子は、兵庫県に対して治療費を請求できないだろうか。

法治新聞キャップ　政行

> 職務質問とは、警察官が、罪を犯したり犯そうとしていたり、犯罪について知っていると思われる人を停止させて質問することをいいます。

Answer 1 A子は、兵庫県に対して治療費を請求することができます。

(1) 雇い主なんだから責任とって！

Case 1 では、兵庫県の警察官であるB男がA子にけがを

させています。このように国や公共団体の公務員が人に損害を与えたとき、被害者は国や公共団体に対して損害を賠償するよう請求できます。国や公共団体が雇っている公務員がミスをしたのだから、雇い主の国や公共団体が責任をとりなさいということです。このような請求のことを**国家賠償請求**といいます。

　国家賠償請求は、**国家賠償法**という法律に定められています。ここで問題となるのは国家賠償法1条1項です。A子が国家賠償法1条1項により兵庫県に損害賠償請求できるかどうか、考えていきましょう。

②
公共団体とは、法令の規定により、国の監督のもとに一定の行政を行うという目的を与えられた団体をいいます。

③
国家賠償法第1条
1　国又は公共団体の公権力の行使に当る公務員が、その職務を行うについて、故意又は過失によって違法に他人に損害を加えたときは、国又は公共団体が、これを賠償する責に任ずる。

20-1

県庁

国家賠償請求

兵庫県が代わりに責任をとってよ!

B男

A子

(2)　どんなときに治療費をもらえるの？

　A子の請求が認められるためには、国家賠償法1条1項の要件をみたす必要があります。国家賠償法1条1項を見ると、**①国または公共団体の公務員が、②公権力の行使にあたり、③職務中に、④違法に、⑤故意または過失によって損害を加えた**ことが要件とされています。これらを順番にみていきましょう。

（1）公務員以外の人の責任はとりません―①国または公共
　　　団体の公務員―

　国家賠償請求が認められるためには、問題の行為を行った

20-2

①国または公共団体の公務員が
②公権力の行使にあたり
③職務を行うについて ⎫ 損害を与えた
④違法に
⑤故意または過失によって

⬇

全部みたせば、国家賠償請求できる

のが**国または公共団体の公務員**であることが必要です。

B男は兵庫県（地方公共団体）の警察官（公務員）ですから、この要件をみたします。

（2）国家権力を笠に着ていること―②公権力の行使―

公務員の問題の行為が**公権力の行使**であることも必要です。公権力の行使とは、行政行為や処分性においては、国や地方公共団体が国民や市民に優越的な地位を使っての行為だとお話ししましたが、ここでの公権力の行使はこれにかぎりません。一般人と同じ立場で土地を売ったり買ったりするような**経済活動**と、**公の営造物の設置・管理**の2つは公権力の行使にあたりませんが、**これら以外はすべて公権力の行使にあたる**のです。たとえば、任意に従ってもらう**行政指導**であっても、国家賠償法1条1項の公権力の行使にあたります。

Case 1では、B男がA子にした行為は、経済活動ではありませんし、公の営造物の設置や管理でもありません。ですから、B男の行為は公権力の行使にあたるのです。

行政行為については、第5章 行政行為1（イ）(1)、処分性については第15章 訴訟要件①処分性3を見よう！

公の営造物の設置・管理については2で学習しますが、ここでは、道路などの公共の設備を造って皆が利用できるようにすることというくらいに理解しておきましょう。行政指導については、第7章 非権力的な行為形式3を見よう！

20-3

公務員の行為
①経済活動   ②公の営造物の設置・管理
e.g.土地を売る   e.g.道路の管理
公権力の行使
①、②以外のすべて
e.g.不利益処分、行政指導
職務質問

（3）公務員のプライベートは知りません ―③職務中―

　公務員の行為が**職務中**にされたことも必要です。ですから、公務員が休みの日に職務と無関係にプライベートで行った行為については、国家賠償請求できません。ところが、判例は、実際には仕事をしていなくても、他人から見て仕事をしていると勘違いするような状況であれば、この要件をみたすとしています。

5　「職務を行うについて」の意義

　B男は実際には非番だったのですから、仕事をしていたわけではありません。しかし、拳銃を持って警察官の制服を着て制帽をかぶって道路を歩いていれば、事情を知らない他人から見ると、警察官の仕事をしていると勘違いするでしょう。ですから、この要件をみたすのです。

実際には職務を行っていなくても、客観的に職務行為に見えれば国家賠償請求できる

（4）悪いことをしていないから払いません ―④違法―

　公務員の行為によって損害を受けたとしても、公務員が起こした問題の行為が**違法**であることも必要です。

（a）取消訴訟での処分の違法性と同じかな？

　違法といえば、取消訴訟で処分を取り消すためには、**処分が違法であることが必要**だとお話ししました。たとえば、税務署長が間違えて法律で決まっている金額より多く税金を払わせてしまったという場合、処分の内容が法令に違反していますから、取消事由としての違法性はあるといえます。

取消訴訟での処分の違法性については、第18章 取消訴訟の審理・訴訟の終了1(ｲ)を見よう！

（b）国家賠償請求訴訟でも同じかな？

　では、この場合、**国家賠償請求の要件としての違法性**もあるのでしょうか。判例は、**職務を行ううえで十分に注意をしていなかった場合**（注意義務に反した場合）に、**違法となる**としています。つまり、取消事由としての違法性があっても、必

6　所得税更正処分と国家賠償責任

ずしも国家賠償請求の要件としての違法性があるとはかぎらないのです。

ですから、たとえば税務署長が、税金を計算する際に納税者の収入額を間違えていたというだけでは違法とはいえません。税務署長が、納税者の正しい収入額を簡単に把握できるのに、把握する努力もせずに、間違った収入額で税額を計算してしまったというような場合にはじめて違法となります。

当然ですが、警察官である **Case 1** の B 男は、強盗行為をしてはならないという注意義務を負っています。それなのに、B 男は強盗行為をわざと行っているのですから、違法といえます。

（5）わざと？うっかり？―⑤故意または過失―

次に、問題の行為について、公務員の故意または過失が必要です。**故意**とはわざと行うことをいいます。**Case 1** の B 男は問題の行為をわざと行っていますから、故意があります。

問題となるのは、どういう場合に**過失**があるといえるかです。過失というと、「うっかりする」といった心理状態をイメージすると思います。ですが、ここでの過失は**客観的な注意義務違反**を意味すると一般的に考えられています。

ここで復習ですが、**違法**という要件も、職務を行ううえで十分に注意をしていなかったこと（注意義務に反したこと）でした。ですから、④違法という要件をみたせば、当然に⑤過失という要件もみたすことになるのです。

〔3〕　国ではなく、彼に話があります―個人責任―

国家賠償請求は、国や公共団体に対して損害賠償を請求するものです。**Case 1** では、A 子が兵庫県に請求しています。では、A 子は B 男がどうしても許せないとして、民法 709 条により、B 男個人の責任を追及することはできるのでしょうか。

残念ながら、**加害者である公務員個人への損害賠償請求は**

民法第 709 条　不法行為による損害賠償
故意又は過失によって他人の権利又は法律上保護される利益を侵害した者は、これによって生じた損害を賠償する責任を負う。

認められていません。ですから、A子がB男個人の責任を追及することはできません。これは、個人への損害賠償請求を認めてしまうと、公務員が責任追及をおそれて仕事が消極的になってしまう可能性があるからです。よかれと思って仕事をしても、結果的に上手くいかなければ責任追及されてしまうとなれば、必要最小限の仕事しかしないほうがいいということになってしまいかねません。

(4)　立て替えておいただけです—求償—

　国や公共団体が損害賠償を行った場合、問題の行為をした公務員は何の責任も負わないのでしょうか。国家賠償法1条2項は、国や公共団体が損害賠償で払った額を公務員に請求できるとしています。これを**求償**といいます。 ⑧

　ただし、責任追及をおそれて仕事が消極的になってしまってはいけませんから、1条2項は求償をするには公務員に故意または重大な過失があることが必要だとしています。つまり、公務員にちょっとした不注意があっただけでは、求償はできないのです。

　Case 1であれば、B男は問題の行為を故意に行っているのですから、兵庫県は求償をすることができます。

> **国家賠償法第1条**
> 2　前項の場合において、公務員に故意又は重大な過失があつたときは、国又は公共団体は、その公務員に対して求償権を有する。

20-4

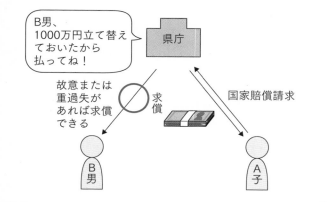

2 ちゃんと管理しましょう！
―国家賠償法2条―

Case 2

驚愕?!トラック放置の実態！

20XX年11月7日、和歌山県に交通事故の取材に来た。C男は夜中に、和歌山県内の県道を原付で走っていたそうだ。街灯は少なく、暗闇のなか原付のライト1つで走っていると、急に目の前に巨大な物体が現れて衝突した。そこには、故障したトラックが放置されていたのだった。C男はトラックにぶつかった衝撃で大けがを負った。このトラックは、故障してから87時間もその場に放置され続けていたうえ、点滅ライト付きの三角コーンや表示板等の事故防止のための器材も置かれていなかった。

C男は、このようなずさんな道路管理をしていた和歌山県に対して、損害賠償を請求できないだろうか。

法治新聞キャップ　政行

Answer 2　C男は、和歌山県に対して損害賠償を請求できます。

(1) 道に故障車を放置したらだれの責任になるの？

Case 2では、和歌山県の道路の管理がずさんだったために、C男がけがをして損害を受けています。このように、国や公共団体が設置し管理している物に欠陥があり、損害が発生した場合には、国家賠償法2条1項によって損害賠償を請求できます。

国家賠償法1条1項は、国や公共団体が雇っている**公務員**の違法な行為に注目して損害賠償請求を認めるものです。こ

> **国家賠償法第2条**
> 1　道路、河川その他の公の営造物の設置又は管理に瑕疵があつたために他人に損害を生じたときは、国又は公共団体は、これを賠償する責に任ずる。

れに対して2条1項は、国や公共団体が管理する**物の欠陥**に注目して損害賠償請求を認めるものです。

(2) どんなときに請求できるの？

C男の請求が認められるためには、国家賠償法2条1項の要件をみたす必要があります。

国家賠償法2条1項を見ると、**①公の営造物**の、**②設置または管理に欠陥**があったために、損害が発生したことが要件とされています。これらを順番にみていきましょう。

（1）国のものは国がちゃんと管理して！ ― ①公の営造物 ―

まず、損害賠償請求が認められるためには、問題の物が**公の営造物**にあたることが必要です。公の営造物とは、国や公共団体が公共的な目的のために直接提供しているものをいいます。**Case 2**で問題となっている道路は、国や都道府県が、交通という公共的な目的のために提供しているものですから、公の営造物にあたります。

ほかにも、拳銃のような**動産**や、河川のような**自然公物**も、国や公共団体が提供し管理していれば、公の営造物にあたります。

⑩ 動産とは、不動産（土地や建物）以外の物をいいます。

（2）これくらいの安全対策は必要だよね！ ― ②設置または管理の欠陥 ―

次に、損害賠償請求が認められるためには、公の営造物に、**設置または管理の欠陥**があることが必要です。この欠陥というのは、**営造物が通常有しているべき安全性を欠いていること**をいうと考えられています。

たとえば、**Case 2**では、道路に故障したトラックが停められていました。この場合、トラックを別の場所へ移動したり、交通整理をしたり、暗くても気づくように点滅ライトがついた三角コーンや表示板を置いたりして、衝突事故が起きないような管理がされるべきです。すぐにこのような管理をすることは難しいとしても、87時間もあれば十分にできるはずで

⑪ 自然公物とは、河川、湖沼等、天然のままで利用される公物をいいます。公物とは、多くの人が利用できるように国や地方公共団体等が公の目的のために提供するもののことです。

す。ですから、このような管理がされていることが、通常有

しているべき安全性だといえます。**Case 2** では、それがされ

ていなかったのですから、通常有しているべき安全性を欠い

ていたといえるでしょう。この **Case 2** と似た事案において

道路管理の瑕疵（2）　　⑫　判例は、道路管理には欠陥があったと判断しました。
　　　　　　　　　　　　　　　⑫

20-5

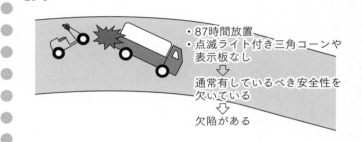

- 87時間放置
- 点滅ライト付き三角コーンや
　表示板なし
　⇩
　通常有しているべき安全性を
　欠いている
　⇩
　欠陥がある

┃プラスα文献┃
試験対策講座 7 章 2 節
判例シリーズ 79 事件〜95 事件

1	判例によると、国家賠償法1条1項が定める「公務員が、その職務を行うについて」という要件については、公務員が主観的に権限行使の意思をもってする場合に限らず、自己の利をはかる意図をもってする場合であっても、客観的に職務執行の外形をそなえる行為をしたときは、この要件に該当する。　　　　　　　　（行書 R2-20）	○ 1【2】(3)
2	判例によると、税務署長が行った所得税の更正処分が、所得金額を過大に認定したものであるとして取消訴訟で取り消されたとしても、当該税務署長が更正処分をするに際して職務上尽くすべき注意義務を尽くしていた場合は、当該更正処分に国家賠償法1条1項にいう違法があったとはされない。　　　　　　　　（行書 R2-20）	○ 1【2】(4)
3	判例によると、国家賠償法1条1項に基づく賠償責任は、国または公共団体が負うのであって、公務員個人が負うものではないから、公務員個人を被告とする賠償請求の訴えは、請求が棄却される。　　　　　　　　　　　　　　　　　（行書 R2-20 改題）	○ 1【3】
4	A市立中学校に在籍する生徒Xが、同校の教師Yによる監督が十分でなかったため、体育の授業中に負傷した。A市がXに対して国家賠償をした場合には、A市は、Yに故意が認められなければ、Yに求償することはできない。　　　　　　　　　　（行書 H28-20 改題）	× 1【4】
5	道路の安全性を著しく欠如する状態で、道路上に故障車が約87時間放置されていたのに、道路管理者がこれを知らず、道路の安全保持のために必要な措置を全く講じていなかった場合においても、道路交通法上、道路における危険を防止するための規制を行うのは警察官であるから、当該道路管理者は損害賠償責任を負わない。　　　　　　　　　　　　　　　　　　（特別区 H25 改題）	× 2【2】(2)

第21章

損失補償——あなたに損はさせません!

キ……ここは基本!
スデ……君ならできる!
…… できたらスゴイ!

1 みんなのためのダムなのに何で私だけが……—損失補償—

Case 1

ダムに沈む故郷

20XX年12月13日、私は秋田県α市に取材に来た。秋田県は、最近、α市に新しく大きな貯水用のダムを造ることを決めた。そして、その建設予定地の土地収用が今年始まる。A男は、先祖から受け継いだ土地と住居が、そのダムの建設予定地内にある。

A男は、α市にダムは必要だと考え、土地を収用されること自体はしかたがないと考えている。ただ、土地と建物を取られて住む家がなくなってしまううえ、新しい家を買うお金もない。

A男は、秋田県に対して、土地や建物の価値に相当するお金を請求することができないのだろうか。

法治新聞キャップ　政行

土地収用とは、公共の利益となる事業のために、法律の定める手続に従い、強制的に国、公共団体等に土地所有権等を取得させることをいいます。

第5章 行政行為1(イ)(2)を見よう!

Answer 1 A男は、秋田県に対して土地や建物の価値に相当するお金を請求できます。

(イ) 1人だけ犠牲になるなんて許せない!

貯水用のダムができれば、その地域一帯の水不足が解消されたり、水力発電ができるようになったりするなど、多くの人々に利益があります。このことはA男も納得しています。

ただ、ダムを造るためには、土地が必要です。みんなの役に立つダムを造るために、建設予定地に土地がある人だけが損をするというのは、あまりに不公平です。

　そこで、土地を提供してもらった損失を、税金を使って埋め合わせることで、土地を提供した人が損をしないようにして、**公平を図ろう**というのが、**損失補償**の制度です。

21-1 ●

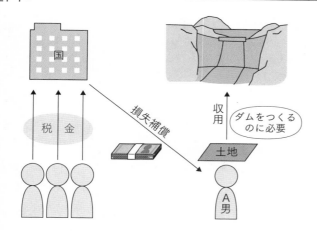

(2)　損失補償法？見あたらないけど……

　第20章 国家賠償では国家賠償法という法律が登場しましたが、損失補償法という法律はありません。その代わり、**さまざまな法律に損失補償についての条文がおかれています。**たとえば、**Case 1** では土地収用法という法律に基づいて、A男の土地が収用されています。そして、土地収用法68条に土地を収用する際に損失補償を行うという条文がおかれています。ですから、A男はこの条文によって損失補償を請求できるのです。

②

土地収用法第68条
損失を補償すべき者
土地を収用し、又は使用することに因つて土地所有者及び関係人が受ける損失は、起業者が補償しなければならない。

(3)　国家賠償と損失補償は何が違うの？

　国家賠償請求は、公務員の**違法な**行為によって損害を受け

たときに、その賠償を請求するものでした。これに対し、損失補償請求は、公共の利益のために財産を**適法に取り上げられた**ときに、その損失の補償を請求するものです。

Case 1でいえば、土地収用が**違法**な場合に賠償を請求するのが国家賠償請求、土地収用が**適法**な場合に補償を請求するのが損失補償請求です。しっかりと区別しましょう。

2 いくら払ってもらえるの？

損失補償請求ができるとして、A男はどの程度の金額を払ってもらえるのでしょうか。憲法29条3項には「正当な補償」が必要だと書かれていますが、細かい金額の計算方法は土地収用法などの個別の法律に書かれています。

この土地収用法のもとで、正当な補償とは、判例の考え方によれば、**財産の客観的価値の全部**を意味します。言い換えると、補償は完全に行われなければならないということです。これによれば、土地を収用される前と後で、A男の財産は金額的にみれば変わりません。そして、支払われたお金を使って、今までと同じ程度の土地を買って生活することができます。たとえば、時価1000万円の土地であれば、1000万円を支払ってもらいます。そして、別の場所に1000万円の土地を買って、今までと同じ水準の生活ができることになります。

憲法29条
3 私有財産は、正当な補償の下に、これを公共のために用ひることができる。

土地収用法71条と正当な補償

21-2

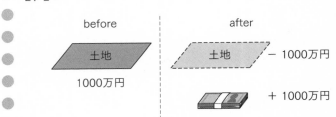

第21章

3 どの条文に基づいて請求するの？_{キ・ス・デ}

(1) 損失を補償する、なんて書いてないよ！

Case 1 では、土地収用法に損失補償についての条文がありました。ですが、**法律に損失補償についての条文がない場合**もあります。

たとえば、都市計画法では、都市を第一種低層住宅専用地域や商業地域など、さまざまな地域や地区に分け、それぞれの地域・地区によって建てられる建物、建てられない建物を定めています。これによって、土地をもっていても自分が建てたい建物が建てられないという事態が発生します。

21-3 ●

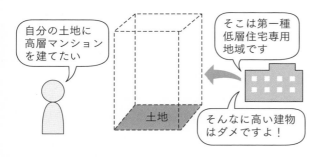

このような場合、都市の計画的な発展というみんなの利益のために、土地の使い方が制限されるという損失を受けているので、損失補償を請求したいところです。ですが、土地計画法をみると、このような建築制限について損失補償請求をすることができるという条文はありません。このような場合、損失補償を請求することはできないのでしょうか。

(2) 憲法に書いてあった！

損失補償法という法律はありませんが、憲法 29 条 3 項は損失補償について定めています。そして、判例は、都市計画法のような個別法に損失補償の条文がなくても、憲法 29 条 3

⑤ 河川附近地制限令違反
事件

項に基づいて損失補償を請求しうることを認めています。ですから、個別の法律に損失補償について書いていなくても、損失補償を請求できる可能性が残っているのです。

4 どんなときに請求できるの？

　憲法29条3項に基づいて損失補償を請求できるとしても、どういう場合に請求できるのかは、条文に書いてありません。そこで、損失補償制度の趣旨から考えてみましょう。

　損失補償制度の趣旨は、ある人がみんなの利益のために財産上の損失を受けたときに、公平を図るためにお金で補償しようということでした。このような趣旨から、損失補償が必要なのは、ある人の損失が**公平に反するような特別の犠牲**にあたる場合だと解釈されています。そして、特別の犠牲にあたるかどうかは、①**損失を受けるのが多くの人なのか、かぎられた人だけなのか**、②**財産をもつ人が当然に負担するべき軽い損失なのか、財産を失ったり自由に売れなくなったりしてしまうような重い損失なのか**で判断されます。

21-4 ●

公平に反するような特別の犠牲なら損失補償が必要

　├─①損失を受けるのは、多くの人か？　かぎられた人か？
　└─②損失は、当然負担すべき軽いものか？
　　　財産を失ったり自由に売れなくなったりする重いものか？

　都市計画法の地域・地区ごとの建築制限について考えてみましょう。まず、建築制限はその区域内にあるすべての土地にかかるものですから、損失を受けるのはかぎられた人だけではなく、その区域内に土地をもつ多くの人です（①）。また、建築制限による損失は、土地自体を失ったり、すでに建っていた建物を壊さなければならなくなったりするような重いものではありません。一定の期間、一定の範囲で、新たに建物

を建築できなくなるという軽いものです（②）。

　このようなことから、都市計画法の建築制限については、公平に反するような特別の犠牲とはいえず、損失補償は請求できないと考えられています。

5 国家賠償と損失補償の谷間

Case 2

なんでうちの子が……注目すべし国の対応

20XX 年 1 月 14 日、私は山口県β市に取材に来た。慢性五月病ウイルスの蔓延をおそれた政府は、すべての子供に予防接種を義務づけた。この予防接種により、慢性五月病ウイルスを予防することができ、まったくやる気がでないという症状を回避することができる。しかし、この予防接種を受けると、1 万人に 1 人程度の割合で重い障害を負う事故が起きる。β市に住む B 子が最愛の息子である C 男に予防接種を受けさせたところ、C 男はこの事故により重い障害を負ってしまった。B 子と C 男は、医師を雇って予防接種を行った国に、せめて治療代などのお金を払ってほしいと考えている。

C 男は、国に対してこのような請求をすることができるのだろうか。　　　　　法治新聞キャップ　政行

Answer 2　C 男は、国に治療代などのお金の支払を請求できます。

(イ)　どっちも使えないの?!

　C 男は、国家賠償請求か損失補償請求で、治療代などのお金を払ってもらえないのでしょうか。

　まず、国家賠償請求は、公務員の違法な行為によって損害

を受けたときに、その賠償を請求するものです。そのため、公務員の行為が違法であったこと、つまり公務員に故意または過失があったことを証明しなければなりません。過失があるというのは、客観的な注意義務違反があったこと、つまり不注意があったということです。医師がマニュアルやワクチンの注意書きに従って予防接種をしていたような場合には、**不注意があったと証明することは現実には困難です。**

他方で、損失補償は、公共の利益のために適法に財産権を取り上げられたときに、その補償を求めるものです。ですから、予防接種によって生命や健康などの**財産以外の利益を失った場合には、損失補償請求もできない**といえます。

このように、国家賠償でも損失補償でも請求できなくなる可能性があるため、予防接種による被害は「**谷間の問題**」ともよばれます。

(2) これではあまりにもかわいそう

このように考えると、C男は治療代などのお金を払ってもらえないことになりそうです。しかし、これではあまりにもC男とB子がかわいそうです。そこで、なんとか国家賠償による損害賠償請求を認めるための方法が考えられました。

それが**推定**という方法です。推定というのは、反対の証明がされないかぎり、ある事実が真実であると考えるということです。

国家賠償請求でネックだったのは、医師の不注意を立証するのが難しいという点でした。

この問題点を解決するために、判例は、予防接種によって障害が発生した人について、その人が予防接種法で定められた「接種を受けることが適当でない者」にあたっていたことを推定するという方法をとりました。さらに、「接種を受けることが適当でない者」に医師が予防接種を行った場合には、医師の不注意も推定されることになっています。これによっ

予防接種と国家賠償責任
予防接種法第7条 予防接種を行ってはならない場合
市町村長又は都道府県知事は、(略) 予防接種等を行うに当たっては、当該定期の予防接種等を受けようとする者について、(略) 健康状態を調べ、当該定期の予防接種等を受けることが適当でない者として厚生労働省令で定めるものに該当すると認めるときは、その者に対して当該定期の予防接種等を行ってはならない。

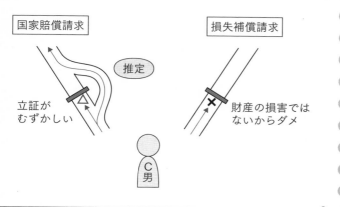

国家賠償請求　　損失補償請求

推定

立証が
むずかしい

財産の損害では
ないからダメ

C
男

て、予防接種による障害が発生した以上、反対の証明がない
かぎり、医師には不注意があったことになります。

　ですから、予防接種による障害に関する訴訟では、国が、
医師に不注意がなかったことを立証しなければなりません。

　C男は、このようにして、医師の不注意を立証する必要が
なくなったため、比較的簡単に国家賠償請求をすることがで
きるようになったのです。

プラスα文献
試験対策講座 7 章 2 節 ⑤、3 節
判例シリーズ 88 事件、96 事件〜100 事件

1	損失補償を請求することができるのは、適法な公権力の行使によって損失を受けた者だけでなく、違法な公権力の行使によって損失を受けた者も含まれる。 (都庁 H16 年)	× 1【3】
2	判例によると、土地収用法における損失補償は、土地が収用される場合、その当時の経済状態において合理的に算出された相当な額で足り、収用の前後を通じて被収用者の財産を等しくするような完全な補償は不要である。 (特別区 H27 年)	× 2
3	判例によると、公共の用に供するために財産権を収用ないし制限された者には、法律に補償の規定がなくても、日本国憲法で定めている財産権の保障の規定に基づいて損失補償請求権が発生する。 (特別区 H27 年)	○ 3【2】

第22章

地方自治法 ——あなたは街の主人公！

第13章から第21章までは、国民の救済方法についてでした。この章では、住民が主人公となって地方公共団体を動かしていく**地方自治法**についてです。なかでも、住民訴訟という制度は重要です。そのため、住民訴訟を中心に、そのほかの重要な制度等をみていきましょう。

1 地方自治の本質？

地方自治法は、<u>憲法92条に定めている「地方自治の本旨」</u>①を具体化したものです。

「地方自治の本旨」とは地方自治の本来のあり方を意味しますが、これには2つの考え方が含まれているといわれています。1つは、地方は国家から独立して存在するという考え方（**団体自治**）です。そして、もう1つは、地方の政治はその地方の住民の意思に基づいて行われるべきという考え方（**住民自治**）です。これらは地方自治の基本的な考え方なので、しっかりおさえておきましょう。

① **憲法第92条**
地方公共団体の組織及び運営に関する事項は、地方自治の本旨に基いて、法律でこれを定める。

22-1 ●

地方自治の本旨

| 団体自治 | 住民自治 |

2 私が政治をコントロール！
―直接請求制度―

　地方の政治では、投票によって政治家を選ぶことしかできない国の政治と違って、住民が政治の内容にまで関与することができます。これを、**直接参政制度**といいます。

　直接参政制度のなかでは、**直接請求制度**が典型例です。これは、住民（有権者）が署名を集めることで直接行政に請求をすることができる制度です。地方の政治は、地域住民の利益、不利益に深く関わるため、住民が政治を直接コントロールすることを認める必要があります。そのため、直接請求制度がつくられました。

　直接請求制度により、住民はある程度の署名を集めることで、さまざまな請求をすることができます。たとえば、きれい好きなＡが、「わがα市が日本一きれい、そんな市にするためごみのポイ捨て禁止条例をつくろう」と言って、**条例をつくるよう請求**できます。条例とは何かについては、**4(2)**で説明します。また、政治を行う議会、議員、長のほか、選挙管理委員や監査委員などの役員についても職を辞めるよう請求できます。

② 監査委員とは、財務や事業について監査を行う機関をいいます。そして、監査とは、業務の執行などが適切に行われているかを調べるために行う検査をいいます。

3 いざ、世直しだ！
―住民監査請求と住民訴訟―

Case
野球大会への旅費なんてだすな！
20XX 年 2 月 21 日、私は徳島県に取材のためにやって来た。県庁に行ってみると、その前で住民 A 男を中心に何人かが集まって怒っていたので、話を聞いてみた。

第2章

A男は、「全国の都道府県議会議員が集まって軟式野球を
する大会がある。徳島県議員がその大会に参加したのだ
が、他県議員と意見交換をしたといったわけではないそ
うだ。それだけならいいのだが、なんと大会への旅費が支
払われた。そんな無駄遣いをするなんてありえない！」と
言っている。

徳島県の中心街に行ってみると、B子を中心として何人
かが同じように怒っていた。このままだと、なんらかの訴
えが起こされるかもしれない。しかし、A男は、自分たち
個人の懐が痛んだわけではない。

A男は、徳島県議員への旅費支出が違法であるとして訴
えを起こすことができるのか。　法治新聞キャップ　政行

Answer　A男は、徳島県議員への旅費支出が違法であ
るとして、訴えを起こすことができます。

　私たちは、自分たちの住む地方公共団体にも税金を払っ
ています。そのため、税金の使い途がおかしい場合は、私たち
住民全体の利益が害されているともいえます。そこで、地方
自治法は、そういった問題を改善したいと考える住民のため
に、住民監査請求と住民訴訟という制度を用意しています。
地方自治法上、①住民監査請求がされ、それでも改善されな
かった場合に、②住民訴訟を起こすしくみになっています。

(1) 世直し活動、第1弾！— 住民監査請求制度—

　住民監査請求とは、普通地方公共団体の機関や職員の、違
法または不当な財務会計上の行為について、必要な対策をす
るよう住民が請求できる制度です（地自法242条）。簡単にいえ
ば、お金の支出や税金を集めるといったお金に関わる職員た
ちの行為が、違法だったり不当だったりした場合に、住民が
監査委員に、なんらかの対策をしてもらうのです。

　監査委員に請求することになっているのは、監査委員が、

不当については、第13章
行政不服申立て①制度の
全体像1(2)を見よう！

各行政機関の仕事やお金のだし入れが正しく行われているかをチェックする役割をもっているからです。

住民監査請求は、**2** で説明した直接請求と違って署名を集める必要はなく、また住民であれば選挙権をもっていなくても1人でも請求できます。

(2) 世直し活動、第2弾！ ―住民訴訟―

(1) 監査請求ではダメでもこれがある！

住民が監査請求をしても、住民の監査請求が無意味になることがあります。たとえば、監査委員がなんらかの対策をとらなかったり、監査委員が議会や長に対して改善するよう促しても、議会や長が従わなかったりする場合です。そこで、監査請求をしても改善されなかった場合、住民は訴訟を起こすことができます。

このように、地方公共団体の職員がした**違法な財務会計上の行為**を改善するために住民が起こす訴訟を、**住民訴訟**といいます（地自法242条の2）。この訴訟は、住民が行政の財政がきちんと運営されているかどうかを監視する手段としてよく使われます。

ただし、住民監査請求と違って、対象が**違法な財務会計上の行為**にかぎられているので注意しましょう。不当な行為についてはできません。

(2) 住民訴訟は住民監査請求の後で！

住民訴訟は、自分が所属する地方公共団体の住民であれば1人でも起こすことができます。住民訴訟は客観訴訟のひとつであるため、原告個人の利益が害されているかは問題になりません。そのため、**Case** のA男は、自分自身の利益は損なわれていませんが、住民監査請求をしておけば住民訴訟を起こせるのです。

ただし、住民訴訟を起こそうとする者は、**あらかじめ自分で住民監査請求をしておかなければ**なりません。たとえ他人

地方自治法第242条の2 住民訴訟
1 普通地方公共団体の住民は、前条第1項の規定による請求をした場合において、（略）監査委員の監査の結果若しくは勧告若しくは（略）議会、長その他の執行機関若しくは職員の措置に不服があるとき、又は監査委員が（略）監査若しくは勧告を同条第5項の期間内に行わないとき、若しくは議会、長その他の執行機関若しくは職員が（略）措置を講じないときは、裁判所に対し、同条第1項の請求に係る違法な行為又は怠る事実につき、訴えをもつて次に掲げる請求をすることができる。
（略）
客観訴訟については、第19章 その他の行政事件訴訟 **7** を見よう！

が住民監査請求をしていても、自分がしていなければ訴訟を起こせないので注意しましょう。**Case**でいえば、住民監査請求をしたのがB子だけであって、A男が住民監査請求をしていなければ、

A男は住民訴訟を起こせないのです。

４ 地方公共団体のできること？

　地方公共団体は、いったい何ができるのでしょうか。

　地方公共団体の権限は、**事務処理**、**条例の制定**、**財産の管理**に大きく分けられます。

(1)　パスポート交付も仕事—**事務処理**—

　そして、地方公共団体が処理する事務には、**自治事務**と**法定受託事務**の２つがあります。法定受託事務というと難しく聞こえますが、地方公共団体の事務のうち、国の役割にかかる性質があるので、ある程度国からの関与が認められているものをさします。たとえば、パスポート交付や国政選挙などです。あくまで地方公共団体の事務であって、国の事務を委任されたものではないので、注意しましょう。

　これに対して、自治事務は、法定受託事務以外の地方公共団体の事務をいいます。たとえば、飲食店営業の許可などがあげられます。

(2)　オリジナリティの発揮どころ—**条例の制定**—

　条例とは、地方公共団体がつくるルールです。**2**で登場した「ごみのポイ捨て禁止条例」というように、地方公共団体

が独自のルールをつくっています。

　全国にはユニークな条例があります。たとえば、三重県紀勢町には「紀勢町キューピット条例」があります。結婚の促進を目的とした条例で、キューピット委員という行政機関が、結婚を促進するという内容になっています。そのほか、京都府京都市には「京都市清酒の普及の促進に関する条例」があります。これは、清酒（日本酒）による乾杯の習慣を広めることで、最終的に日本文化の理解を助けるためのものです。

　このように、地域等をよくしようとするいろいろな条例があります。ただし、どんな内容のものでも自由につくることができるわけではありません。たとえば、法律に違反する条例はつくることはできないのです（憲法94条）。④

憲法第 94 条
地方公共団体は、その財産を管理し、事務を処理し、及び行政を執行する権能を有し、法律の範囲内で条例を制定することができる。

(3)　お金のやりとりも大事な仕事！―財産の管理―

　地方公共団体は、財産を管理することも権限のひとつです。具体的には、1年でどれくらいお金を集め、どれくらいお金を使うのかといった計画をつくり、その計画に従ってお金のだし入れなどを行うのです。

　また、財産のなかには、住民の福祉を増進する目的で、住民に利用させる**公の施設**があります。たとえば、公民館や公園などがあげられます。地方公共団体は、これらの施設を利用させる場合に料金をとったり、住民からの利用申請を処理したりするのです。ちなみに、地方公共団体は、正当な理由がないかぎり、住民が公の施設を利用することを拒んではいけませんし、住民が公の施設を利用することについて、不当な差別的取扱いをしてはいけません（地自法244条2項、3項）。

5 地方公共団体だって国と対等！

　これまでみてきたように、行政機関は個人に対してさまざまな関与をしています。これと同じように、国は地方公共団

体に対してさまざまな関与をしています。では、どういった関係で、どのような関与がされるのでしょうか。

　地方公共団体は、国と対等な立場にあるとされます。このような対等な関係を維持するべく、国は**法律などの根拠がなければ関与できない**という原則などがあります（地自法245条の2）。また、国が各地方公共団体に対して、差別的・不利益的な取扱いをするのを避けるために**手続を公正・透明にするという原則**（地自法246条から250条の6まで）があります。

　国と地方公共団体との間で紛争が生じた場合、対等な関係で解決することが求められます。そこで、紛争を**国地方係争処理委員会**という第三者に委ねて、解決するシステムがつくられています。

22-2 ●

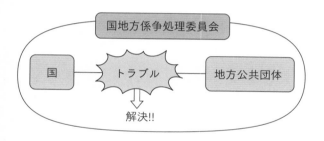

プラスα文献
試験対策講座 2章3節、6章2節⑪【1】（2）

1	知事・市町村長のみならず、選挙管理委員、監査委員などの役員も、直接請求としての解職請求の対象となる。 　　　　　　　　　　　(行書 H18-23)	○ 2
2	住民訴訟においては、住民監査請求と同様、公金支出の違法の問題のみならず<u>不当の問題についても争うことができる</u>。 　　　　　　　　　　　(行書 H22-24)	× 3【2】(1)
3	みずから住民監査請求を行っていない住民であっても、<u>当該普通地方公共団体の他の住民が住民監査請求を行っていれば、住民訴訟を提起することができる</u>。 　　　　　　　　　　　(行書 H22-24)	× 3【2】(2)
4	地方自治法に定める「自治事務」とは、地方公共団体が処理する事務のうち、法定受託事務以外のものをいう。 　　　(行書 H21-21)	○ 4【1】

Topics

何に使っているの？政務活動費の実態を明らかに！

　　いつの時代も、どこの国でも、政治家の汚職はなくなりません。日本でも、政務活動費を自分のために使ったのではないか、という事件が明らかになっています。

　　この**政務活動費**とは何でしょうか。これは、地方議員が調査や研究などを行うために支給されるお金のことをいいます。たとえば、事務所の運営にかかる費用や広報費になるホームページの運営費用などがあげられます。

　　では、なぜこのような事件が起きてしまうのでしょうか。

　　理由の１つ目として、政務活動費が何に使われたかのチェックがゆるいことが考えられます。たとえば、地方議員は政務活動費を何に使ったのか自治体の議長に報告するのですが、領収書を添付しなくてよいとする費用項目があったり、そもそも添付を義務づけていない地域があるのです。

　　たしかに、調査や研究に使う費用は多彩であることから、いちいち領収書をとっておくことは煩わしいかもしれません。ですが、政務活動費は私たちの税金で賄っています。ですから、政治家が自分の利益のために使うことは許されませんし、政治家はどのように使われているのかを説明する必要があります。領収書が不要だなんて、民間会社では考えられません。

　　また、理由の２つ目として、添付された領収書を公開する自治体が少なく、何に使ったのかが外部からは明らかでないことがあげられます。領収書が公開されれば、真面目な政治家なのか、私利私欲にまみれた政治家なのかがわかるきっかけをつかめます。それを選挙の参考にすれば、政治家も私利私欲のために使おうとは思わなくなるはずです。

　　ただし、公開されていなくても、私たちにはチェックする手段があります。それは、第22章　地方自治法でお話しした、**住民監査請求**と**住民訴訟**です。実際に、住民訴訟等が提起されたケースがあります。また、第11章情報公開法でお話しした、**情報公開請求**をすることも考えられます。

　　このように、私たちは、なんらかの手段で政治家がきちんと政務活動を行っているかどうかを監視することができます。私たちの納めた税金が不当に使われていないかどうか、チェックしていきましょう！

終章

エピローグ──政行キャップからの伝言

　最後まで私の全国行脚にお付き合いしていただきありがとうございました。私の取材をお見せするのは、いったんここで終了です。つたない取材メモでしたが、行政に関わる事件が私たちの生活のなかでどのように起こっているかについて、知ってもらうことができたのではないかと思います。

　私は、少し前まで、行政やそれにまつわる法律のことなど何も知らず、スポーツ記事などを書く記者になるほうが楽しいと思っていました。それが変わったのは、あの原子力発電所の設置許可でした。もし、日々起こる出来事に目を向けなければ、私たち一般市民は、事件が起きていることにすら気づかず、批判の声をあげられないでしょう。私が全国を周ってお届けした取材メモが、あなたが身の回りの行政に関わる事件に目を向けるきっかけになっていただければ、記者冥利に尽きます。

　次のページにあるマップを見てください。私が取材した都道府県とそこで起こった事件の問題点を表したものです。

　行政に関わる事件を求めて取材していくうちに、気づいてみれば、訪れた都道府県の数は 30 にもなりました。どこで起こった出来事も、良い記事が書けました。そして、私にとっては、とても勉強になりました。この本と最後まで付き合ってくれたあなたの記憶にも残っているとよいのですが……。忘れてしまった事件については、このマップを見ながら、ぜひ、復習してみてください。

　私は法治新聞キャップとして、これからも行政に関わる事件を求めて全国行脚を続けます。

それでは、また会う日まで、法治新聞をよろしく！

法治新聞キャップ　政行

15章　処分性

北海道

21章　損失補償

16章　原告適格

青森

秋田　岩手

6章　目的・動機違反

山形　宮城

12章　個人情報保護法

新潟

7章
公害防止協定の内容の限界

20章　国家賠償法1条

福島

10章　行政指導の手続

8章　即時強制

6章
裁量行為と
羈束行為

栃木

2章　諮問機関と参与機関

6章
判断過程統制

富山

長野

群馬

茨城

5章　行政行為と違法性の承継

8章
行政上の強制執行

石川
福井

岐阜

埼玉
東京

21章
国家賠償と損失補償の谷間

鳥取

滋賀

山梨

千葉

神奈川

4章　委任命令の限界
11章　情報公開法と不開示情報

島根

京都

愛知

静岡

19章　訴訟選択

岡山

兵庫
大阪

9章　申請に対する処分と
不利益処分、理由の提示

広島

山口

三重

13章　審査請求

16章　原告適格

香川

奈良

15章
処分性

愛媛

徳島

和歌山

福岡

佐賀

高知

18章
事情判決

3章
租税法と信義則

7章
違法な行政指導
の判断基準

大分

20章
国家賠償法2条

15章
処分性

長崎

熊本

3章
政策変更と
信義則

4章　通達による課税

宮崎

14章　教示

鹿児島

22章
住民監査請求と住民訴訟

4章　白紙委任

17章　訴えの利益

沖縄

事項索引

♠伊藤　真（いとう　まこと）

　1981年、大学在学中に1年半の受験勉強で司法試験に短期合格。同時に司法試験受験指導を開始する。1982年、東京大学法学部卒業。1984年、弁護士として活動しつつ受験指導を続け、法律の体系や全体構造を重視した学習方法を構築し、短期合格者の輩出数、全国ナンバー1の実績を不動のものとする。

　1995年、憲法の理念をできるだけ多くの人々に伝えたいとの思いのもとに15年間培った受験指導のキャリアを生かし、伊藤メソッドの司法試験塾をスタートする。

　現在は、予備試験を含む司法試験や法科大学院入試のみならず、法律科目のある資格試験や公務員試験をめざす人たちの受験指導をしつつ、「一人一票実現国民会議」および「安保法制違憲訴訟の会」の発起人となり、社会的問題にも積極的に取り組んでいる。

　「伊藤真試験対策講座」〔全15巻〕（弘文堂刊）は、伊藤メソッドを駆使した本格的テキストとして多くの読者に愛用されている。
（一人一票実現国民会議 URL：https://www2.ippyo.org/）

伊藤塾　〒150-0031　東京都渋谷区桜丘町17-5　03（3780）1717
https://www.itojuku.co.jp

行政法［第2版］【伊藤真ファーストトラックシリーズ7】

2015（平成27）年4月30日　　初　版1刷発行
2023（令和5）年11月30日　　第2版1刷発行

監修者　伊　藤　　真
著　者　伊　藤　塾
発行者　鯉　渕　友　南
発行所　株式会社　弘　文　堂　　101-0062　東京都千代田区神田駿河台1の7
TEL 03（3294）4801　　振替 00120-6-53909
https://www.koubundou.co.jp

装　丁　大森裕二
イラスト（扉・表紙・帯）　都築昭夫
印　刷　三報社印刷
製　本　井上製本所

ISBN978-4-335-31464-3

伊藤真試験対策講座

論点ブロックカード・フローチャートなど司法試験受験界を一新する勉強法を次々
と考案し、導入した伊藤真が、全国の受験生・法学部生・法科大学院生に贈る、
初めての本格的な書き下ろしテキスト。伊藤メソッドによる「現代版基本書」！
- ●論点ブロックカードで、答案の書き方が学べる。
- ●フローチャートで、論理の流れがつかめる。
- ●図表・2色刷りによるビジュアル化。
- ●試験に必要な重要論点をすべて網羅。
- ●短期集中学習のための効率的な勉強法を満載。
- ●司法試験をはじめ公務員試験、公認会計士試験、司法書士試験に、
  そして、大学の期末試験対策にも最適。

憲法[第3版]	4200円
行政法[第4版]	3300円
刑法総論[第4版]	4000円
刑法各論[第5版]	4000円
スタートアップ民法・民法総則	3700円
物権法[第4版]	2800円
債権総論[第4版]	3400円
債権各論[第4版]	4400円
親族・相続[第4版]	3500円
商法〔総則・商行為〕**・手形法小切手法**[第3版]	4000円
会社法[第4版]	4200円
刑事訴訟法[第5版]	4200円
民事訴訟法[第4版]	4500円
労働法[第4版]	3800円
倒産法[第2版]	3500円

弘文堂

＊価格（税別）は2023年11月現在

伊藤塾試験対策問題集

●予備試験論文

伊藤塾が満を持して予備試験受験生に贈る予備試験対策問題集！
過去問と伊藤塾オリジナル問題を使って、合格への最短コースを示します。
合格者の「思考過程」、答案作成のノウハウ、復習用の「答案構成」や「論証」など工夫満載。出題必須論点を網羅し、この1冊で論文対策は完成。

1	刑事実務基礎[第2版]	3200円	6	民法[第2版]	2800円
2	民事実務基礎[第2版]	3200円	7	商法[第2版]	2800円
3	民事訴訟法[第2版]	2800円	8	行政法[第2版]	2900円
4	刑事訴訟法[第2版]	2800円	9	憲法[第2版]	2800円
5	刑法[第2版]	2800円			

●短答

短答式試験合格に必須の基本的知識がこの1冊で体系的に修得できる！
伊藤塾オリジナル問題から厳選した正答率の高い良問を繰り返し解き、完璧にマスターすれば、全範囲の正確で確実な知識が身につく短答問題集です。

1	憲法	2800円	4	商法	3000円
2	民法	3000円	5	民事訴訟法	3300円
3	刑法	2900円			

新 伊藤塾試験対策問題集

●論文

合格答案作成ビギナーにもわかりやすい記述試験対策問題集！
テキストや基本書で得た知識を、どのように答案に表現すればよいかを伝授します。
法的三段論法のテクニックが自然に身につく、最新の法改正に完全対応の新シリーズ。
「伊藤塾試験対策講座」の実践篇として、効率よく底力をつけるための論文問題集です。

1	民法	2800円	5	刑事訴訟法	2800円
2	商法	2700円	6	憲法	3000円
3	民事訴訟法	2900円	7	刑法	3000円
4	行政法	2800円			

弘文堂

＊価格（税別）は 2023年11月現在

伊藤真の判例シリーズ

厳選された重要判例の読み方・学び方を、伊藤メソッドを駆使して伝授！
各判例は、論点と結論、事実、裁判の経緯、判決の流れ、学習のポイント、
判決要旨、伊藤真のワンポイント・レッスン、等の順にわかりやすく解説。
試験に役立つ学習書に徹した伊藤真による初めての判例ガイド、誕生！

憲法[第2版]	3800円
民法[第2版]	3500円
刑法[第2版]	3500円
行政法[第2版]	3800円
刑事訴訟法	3800円
民事訴訟法	3500円
商法	3500円

伊藤真の条文シリーズ

法律の学習は、条文に始まり条文に終わる！　基本六法を条文ごとにわかり
やすく説明する逐条解説シリーズ。条文の意味・趣旨、解釈上の重要論点、
要旨付きの関連判例をコンパクトに整理。「事項索引」「判例索引」の他に、「条
文用語索引」で検索機能も充実。基礎的な勉強に、受験に、そして実務でも
役立つ伊藤メソッドによるスーパー六法。

民法Ⅰ【総則・物権】	3200円
民法Ⅱ【債権・親族・相続】	3200円
商法・手形法小切手法	2700円
憲法	3000円
刑法	3300円
民事訴訟法	2800円
刑事訴訟法	3100円

伊藤真の全条解説 会社法

平成26年改正をふまえた会社法の全条文をオールマイティにわかりやすく解説。
全ての条文に、制度趣旨、定義、口語訳、論点、関連判例、重要度ランク、
過去問番号が入り、さらに引用条文・読替条文の内容をダイレクトに付記。
実務書として学習書として、安心して利用できる便利なコンメンタール。 **6400円**

弘文堂

＊価格(税別)は2023年11月現在

伊藤塾呉明植基礎本シリーズ

愛弟子の呉明植が「伊藤真試験対策講座」の姉妹シリーズを刊行した。切れ味鋭い講義と同様に、必要なことに絞った内容で分かりやすい。どんな試験でも通用する盤石な基礎を固めるには最適である。

伊藤塾塾長 **伊藤 真**

- ▶どこへいっても通用する盤石な基礎を固める入門書
- ▶必要不可欠かつ必要十分な法的常識が身につく
- ▶各種資格試験対策として必要となる論点をすべて網羅
- ▶一貫して判例・通説の立場で解説
- ▶シンプルでわかりやすい記述
- ▶つまずきやすいポイントをライブ講義感覚でやさしく詳説
- ▶書き下ろし論証パターンを巻末に掲載
- ▶書くためのトレーニングもできる
- ▶論点・項目の重要度がわかるランク付け
- ▶初学者および学習上の壁にぶつかっている中級者に最適

弘文堂

＊価格（税別）は2023年11月現在

伊藤真ファーストトラックシリーズ

Fast Trackとは、重要で大切なものに速く効率よく辿り着くための他とは別扱いのルート（＝特別の早道、抜け道、追い越し車線、急行列車用の線路）のことです。わかりやすく、中味が濃い授業をユーモアで包むと、Fast Track になりました。初学者にとっての躓きの石を取り除いてくれる一気読みできる新シリーズ。圧縮された学習量、適切なメリハリ、具体例による親しみやすい解説で、誰もが楽しめる法律の世界へ Let's Start!

▶法律学習の第一歩として最適の入門書
▶面白く、わかりやすく、コンパクト
▶必要不可欠な基本事項のみに厳選して解説
▶特に重要なテーマについては、具体的な事実関係をもとにしたCaseとその解答となるAnswerで、法律を身近に感じながら学習
▶判例・通説に基づいたわかりやすい解説
▶図表とイラスト、2色刷のビジュアルな紙面
▶側注を活用し、重要条文の要約、判例、用語説明、リファレンスを表示
▶メリハリを効かせて学習効果をあげるためのランク表示
▶もっと先に進みたい人のためのプラスα文献
▶知識の確認や国家試験等の出題傾向を体感するためのExercise
▶時事的な問題や学習上のコツを扱うTopics

1	**憲法**[第2版]	1900円
2	**民法**[第2版]	2000円
3	**刑法**[第2版]	1900円
4	**商法**[第2版]	1900円
5	**民事訴訟法**[第2版]	1900円
6	**刑事訴訟法**[第2版]	1900円
7	**行政法**[第2版]	2000円

弘文堂

＊価格（税別）は2023年11月現在